EL DESPERTAR
DE LA
ENERGÍA
FEMENINA

LA BENDICIÓN MUNDIAL DEL ÚTERO Y EL RETORNO A LA AUTÉNTICA FEMINIDAD

MIRANDA GRAY

EDICIÓN REVISADA

Primera edición: mayo de 2017
Primera reimpresión: enero de 2018
Tercera reimpresión: abril de 2024

Título original: *Female Energy Awakening*

Traducción: Inmaculada Morales Lorenzo

Diseño de cubierta: Carolina Aldea Cánovas studio@carolaldea.es

© 2016, Miranda Gray y Richard Gray

Publicado por acuerdo con Miranda Gray, 1 Gainsborough Court, Lower Pennington Lane, Lymington, Hampshire, SO41 8FU, Reino Unido

De la presente edición en castellano:
© Distribuciones Alfaomega, S. L., Gaia Ediciones, 2016
  Alquimia, 6 - 28933 Móstoles (Madrid) - España
  Tel.: 91 617 08 67
  www.grupogaia.es - E-mail: grupogaia@grupogaia.es

Depósito legal: M. 10.814-2017
I.S.B.N.: 978-84-8445-668-1

Impreso en España por: Artes Gráficas COFÁS, S.A. - Móstoles (Madrid)

Cualquier forma de reproducción, distribución, comunicación pública o transformación de esta obra solo puede ser realizada con la autorización de sus titulares, salvo excepción prevista por la ley. Diríjase a CEDRO (Centro Español de Derechos Reprográficos, www.cedro.org) si necesita fotocopiar o escanear algún fragmento de esta obra.

«Me gustaría agradecerte los maravillosos cambios que la Bendición del Útero ha traído a mi vida. Me diagnosticaron síndrome de ovario poliquístico a principios del año pasado, lo cual me impedía tener hijos. Realmente creo que la Bendición del Útero me sanó, y gracias a ella concebí a mi primera hija durante la noche de la Bendición del Útero de octubre».

V. B., Reino Unido

«Aunque he probado numerosas técnicas de trabajo espiritual durante los últimos 30 años, ya que siempre he estado abierta a ello, considero que este trabajo es uno de los más poderosos que conozco. Me ha vuelto a conectar con las partes más profundas de mí misma, una conexión que se hace más intensa con cada Bendición Personal del Útero que ofrezco. ¡Muchísimas gracias! Me siento sumamente agradecida por ello».

S. B., Noruega

«Vivir en una época en la que tenemos acceso a un foro en el que mujeres de todo el mundo podemos reunirnos y hablar sobre nuestra esencia femenina divina, nuestros ciclos lunares, así como dar y recibir Bendiciones y Sanaciones del Útero, es un auténtico milagro».

J. M. H., Estados Unidos

«Quisiera agradecer la Bendición del Útero que recibí en mayo. Una querida amiga me habló de esta oportunidad especial que das a todas las mujeres. Aunque durante la meditación sentí mucha energía, el milagro fue quedarme embarazada al cabo de 15 días. Lo llamo milagro porque había perdido la esperanza de ser madre, así que esto ha sido una sorpresa inesperada y una auténtica bendición».

F. S., España

«¡La Bendición del Útero ha sido tan potente, tan extraordinariamente gratificante! Nunca antes me había sentido tan apoyada y querida por tantas almas».

M. A., Suiza

«Aunque lo he repetido muchas veces, quisiera expresar un enorme ¡GRACIAS! Mi vida se ha transformado e iluminado con la Bendición del Útero».

U. S., Argentina

«Cuanto más vivo en sintonía con los cambios de mi naturaleza cíclica, más equilibrada me siento. Es algo así como que cuanto más cambio, más soy la misma».

V. C., Costa Rica

«La Bendición del Útero me ha transformado. Ahora soy una mujer segura. La Bendición del Útero me ha mostrado mi confianza y mis dones ¡y realmente ha sanado mi cuerpo, mi alma, mi corazón y mi familia!».

L. V., Italia

«Miranda no solo posee una comprensión de la Divinidad Femenina que canaliza la belleza simbólica de acoger los arquetipos femeninos en tu vida, sino que además tiene un entendimiento profundo de los aspectos técnicos implicados en iniciar un camino de práctica espiritual personal y los interrogantes que pueden surgir ante tal empresa. La dulzura con la que responde a estas dudas e inseguridades y su orientación a través del proceso de reaprender tu propia naturaleza femenina están repletas de gracia y afecto».

B. M. K. L., Suiza

«He abrazado mi poder femenino y he descubierto tesoros de sanación desconocidos. Soy capaz de dar y recibir placer. También siento más abierta la zona del útero y veo mi cuerpo hermoso, un templo sagrado al que trato con amor, aceptación, compasión y respeto».

A., Canadá

«¡Una vez al año celebramos un gran evento de la Bendición Mundial del Útero en un parque público de Bogotá con más de 200 asistentes!».

A. Y., Colombia

«Siento una sabiduría más profunda en mi interior y han desaparecido todos mis temores y preocupaciones relacionados con el embarazo, el nacimiento y la maternidad... Siento que la Bendición Mundial del Útero es para las mujeres ese toque sutil que hace que todo sea mejor y completo. Así que te estoy inmensamente agradecida por haber iniciado este movimiento de la Bendición del Útero; me parece tan importante porque veo que obra cambios positivos en nuestro interior».

M. P., Croacia

ÍNDICE

NOTA DE LA AUTORA	9
INTRODUCCIÓN: NUESTRA FEMINIDAD AUTÉNTICA	11
LA MEDITACIÓN DE LA BENDICIÓN DEL ÚTERO	17
LA CREACIÓN DEL MUNDO	21
CAPÍTULO 1: LA BENDICIÓN MUNDIAL DEL ÚTERO: UN VIAJE PERSONAL	23
CAPÍTULO 2: ¿POR QUÉ ES TAN IMPORTANTE EL ÚTERO?	37
CAPÍTULO 3: ¿QUÉ ES LA FEMINIDAD SAGRADA?	51
CAPÍTULO 4: LA BENDICIÓN DEL ÚTERO: UN DESPERTAR DE LA ENERGÍA FEMENINA	69
CAPÍTULO 5: RECIBIR LAS BENDICIONES MUNDIALES DEL ÚTERO	89
CAPÍTULO 6: LAS MEDITACIONES DE LA BENDICIÓN DEL ÚTERO: COMPRENDER Y COMPARTIR NUESTRA ESPIRITUALIDAD FEMENINA	109

Capítulo 7: Los arquetipos femeninos y la Bendición del Útero 125

Capítulo 8: Abrazar los arquetipos internos 145

Capítulo 9: El camino del vivir consciente de la Bendición del Útero 193

Capítulo 10: La visión y el camino hacia delante 239

Epílogo 243
Apéndice 247
Agradecimientos 253

*Para todas las mujeres del mundo que escuchan
en sus corazones la llamada a despertar,
sanar y cambiar el mundo.*

NOTA DE LA AUTORA

Escribí esta nota tras haber estado enseñando en México, mientras despegábamos de Ciudad de México y volábamos por encima de las pirámides de Teotihuacán. A principios de semana había subido a la Pirámide de la Luna y, al mirar abajo, había visto extenderse ante mí el camino procesional de la Calzada de los Muertos y la enorme Pirámide del Sol a la izquierda. Ante mis ojos, el paisaje dibujaba onduladas colinas; pero ya no veía tan solo montes, sino la forma de una mujer recostada y su abdomen frente a mí, sus pechos en la distancia, y las rodillas dobladas a cada lado. Cuando los grupos de turistas de brillantes colores comenzaron a descender por el camino procesional aproximándose hacia mí mientras el calor arreciaba, vi cómo, de su vientre y por entre sus piernas, nacían al mundo los hijos de la «Diosa de la Tierra». Me quedé contemplando aquello que los antiguos habitantes precolombinos veían desde encima de la pirámide: la Feminidad Sagrada alumbrando a sus hijos. ¡Me pregunté cuántos turistas se habrían dado cuenta de que estaban tomando parte en una antigua representación sagrada!

La Feminidad Sagrada ha permanecido siempre con nosotras, a veces reconocida, amada y celebrada, y otras reprimida, denigrada, oculta o menospreciada; pero siempre ha estado presente en la naturaleza y en el interior de las mujeres: tan solo hemos de cambiar nuestra perspectiva para reconocer su presencia.

Si bien este libro está basado en la Bendición Mundial del Útero, no necesitas haber participado en ella para tener experiencias maravillosas y percepciones reveladoras con la información, meditaciones y ejercicios aquí presentados. Sin embargo, espero que escuches en tu corazón la llamada a experimentar la Bendición del Útero y a compartir con tus amigas la invitación a unirte a miles de mujeres de todo el mundo en la meditación de la Bendición Mundial del Útero.

Si todavía no has participado en una Bendición Mundial del Útero o si ya lo has hecho y deseas ahondar en tu naturaleza femenina auténtica, regístrate en la próxima Bendición entrando en www.wombblessing.com y haciendo clic en «Cómo registrarse y resolver los problemas».

No necesitas tener un útero físico o un ciclo menstrual para participar en la Bendición del Útero o practicar las meditaciones y ejercicios de este libro. Igualmente, sentirás sus dones y beneficios.

MIRANDA GRAY

INTRODUCCIÓN:
NUESTRA FEMINIDAD AUTÉNTICA

Nuestra *feminidad auténtica* es la feminidad «original» con la que hemos nacido. Se encuentra en nuestro cuerpo femenino, en nuestras células, en nuestros huesos, en nuestro ADN, en nuestra parte instintiva y en nuestros patrones de conducta más profundos. Es quienes somos antes de que el mundo moderno intervenga con todas sus restricciones y expectativas de la educación y la sociedad.

Podemos considerar nuestra feminidad como una obra maestra del arte antiguo que con el tiempo ha ido ensuciándose y oscureciéndose. Aunque podemos ver la estructura pictórica escondida bajo varias capas de suciedad, no podemos contemplar la belleza de los colores originales ni las complejidades y detalles del cuadro. Muchas de nosotras estamos viviendo un pálido reflejo de nuestra feminidad auténtica.

La Bendición del Útero elimina las capas y restricciones depositadas sobre nuestra feminidad. Con cada Bendición disminuyen las capas de polvo y comenzamos a admirar los colores originales. Finalmente, todo el cuadro está limpio y podemos contemplar la belleza original de esa obra maestra y se revelan en toda su gloria la vitalidad y fluidez de los trazos y los colores, los detalles y las sutilezas, así como los contrastes y las emociones que transmite. Sentimos que hemos vuelto a casa, a la belleza y vitalidad de nuestra identidad verdadera. Nos sentimos completas y centradas, libres y empoderadas, dignas, creativas, sexuales y espirituales. Y somos libres para serlo todo: cada color y cada forma de nuestra feminidad original.

La pintora de nuestra obra de arte es la Feminidad Sagrada, y, como toda artista, pone su corazón, su alma y sus energías en el cuadro, energías que son únicamente femeninas porque expresan y reflejan su naturaleza. Estas energías fluyen a través de nuestro ser y nuestros niveles de conciencia. Fluyen a través de nuestros patrones básicos y de los principales centros energéticos femeninos de nuestro cuerpo. Para muchas de nosotras estas energías permanecen ocultas por debajo de las oscuras capas de restricciones, pero en ocasiones vemos aparecer sus brillantes colores en nuestras vidas, lo cual nos confunde y perturba por no poder ver el cuadro completo. La Bendición del Útero nos ayuda a volver a conectar con estas energías en nuestro interior, a aceptarlas y amarlas mientras van despertándose gradualmente en nuestra vida, y a vivir en armonía con ellas, para no regresar a la oscuridad. Cuando la vida moderna trata de tapar nuestros colores, la Bendición del Útero limpia las capas de suciedad y nos devuelve la vitalidad.

Ofrecí la primera Bendición Mundial del Útero durante la luna llena de febrero de 2012, y como suele ocurrir con muchas ideas, todo comenzó a raíz de un corazón abierto y el deseo de ayudar. La esperanza inicial de llegar a cincuenta mujeres se convirtió a lo largo del 2012 en un movimiento espiritual femenino mundial que se difundió entre miles de mujeres por todo el mundo.

Lo que empezó en el año 2012 no ha cesado y, al igual que un capullo, se ha convertido en algo hermoso. Así como en el ciclo lunar a la fase creciente le sigue la luna llena y después la fase menguante y la luna nueva; así como un capullo se convierte en flor y después en fruto; y así como una doncella se convierte en mujer, después en una mujer sabia y finalmente en anciana, nuestro despertar también sigue un ciclo.

INTRODUCCIÓN: NUESTRA FEMINIDAD AUTÉNTICA 13

¿QUÉ ES LA BENDICIÓN DEL ÚTERO?

Si bien el título completo de la Bendición del Útero es la «Sintonización de la Bendición del Útero-el Despertar de la Energía Femenina», la llamamos «Bendición del Útero» o «Bendición» para simplificar la expresión. Una «sintonización» es una técnica energética que eleva la vibración de un individuo para alinearla y conectarla con una vibración específica de energía.

La sintonización de la Bendición del Útero está diseñada específicamente para la estructura energética única de las mujeres, a fin de elevar su vibración y conectarlas a la bella vibración de la luz y el amor de la Feminidad Sagrada, a veces denominada «energía de la Bendición». El efecto de la sintonización es un proceso transformador de sanación y despertar de nuestras energías femeninas. A este proceso lo llamamos «nacimiento».

La Bendición del Útero es una **sanación personal y espiritual y un sistema de desarrollo** disponible para todas las mujeres, con independencia de su contexto, estado físico o creencias. Nuestra feminidad no consiste solamente en ser fértiles, ni siquiera en tener un útero físico o un ciclo, sino en la feminidad original presente en todas las mujeres y en el centro energético situado en el área del útero. No tenemos que **creer** en la feminidad auténtica de la Feminidad Sagrada: lo **somos**.

La Bendición del Útero es un enfoque, **un modo de vivir la vida diaria** que nos aporta autoempoderamiento a través de la comprensión de nuestra feminidad auténtica, y nos genera confianza interna.

La Bendición del Útero también se ha convertido en **una comunidad global de mujeres** que comparten la necesidad —en su corazón, en su útero y en lo más hondo— de redescubrir y volver a despertar su feminidad. Se trata de una comunidad que comparte experiencias, crea proyectos femeninos, se centra en la sanación y el desarrollo femeninos, y apoya y da validez a todas las mujeres en un ambiente no competitivo. Es una comunidad de estructura orgánica que crece en respuesta a las necesidades de las mujeres.

Por último, la Bendición del Útero es **una visión compartida** de vivir una vida femenina auténtica en una sociedad que apoye nuestras energías. Significa ser pioneras en nuevas formas de vivir, de trabajar y de establecer relaciones entre las mujeres individuales y los grupos de mujeres. Significa cambiar las expectativas y las estructuras tradicionales, sociales, educativas y laborales, con objeto de crear un legado para nuestras hijas y nietas, para que puedan crecer y prosperar en un mundo que acoja y potencie toda la gama de energías y habilidades femeninas.

A través de los bellos ejercicios y meditaciones presentados a lo largo de estas páginas, y participando en las Bendiciones Mundiales del Útero, te abrirás a tu feminidad auténtica, comenzarás un proceso de autosanación y empezarás a construir una relación personal con la Feminidad Sagrada. El mundo comenzará a transformarse de forma positiva para ti, para tu pareja, para tus hijos y para tu futuro.

Espero sinceramente que la Bendición del Útero se expanda y llegue a las mujeres de todas partes, ofreciéndoles la familia segura y solidaria que buscan sus almas. Ya estés sola en tu anhelo de conexión con tu feminidad y con la Feminidad Sagrada, ya seas nueva ante su presencia, o ya sea parte de tu vida y de tu círculo de amigas desde hace muchos años, todas somos parte de una única imagen de la feminidad sagrada auténtica. Ahora, quizá, es el momento de juntarnos conscientemente para despertar nuestras energías femeninas y hacer las cosas de forma «femenina», y presenciar a continuación lo que la feminidad verdadera es capaz de crear.

Los grandes cambios suelen llevarse a cabo por pequeños grupos de personas inspiradas: yo espero que este libro sea una fuente de inspiración para ti.

Cada Bendición del Útero
es un don de energía de la Feminidad Sagrada
que despierta aspectos de nuestra feminidad auténtica
del sueño, la restricción y la oscuridad
y
revela la belleza,
fuerza y talentos
de nuestra naturaleza femenina.
**Cada Bendición despierta
en nuestro interior el misterio**
de la Feminidad Sagrada,
y
nos conduce por un camino
que nos devuelve
a nuestra
naturaleza femenina
verdadera y sagrada.
Cada Bendición nos aporta
sanación y aceptación,
amor y alegría,
orientación y empoderamiento.

La Feminidad Sagrada
está reflejada en todas las mujeres
de cualquier edad
y ocupación,
con o sin útero,
tengan o no un ciclo menstrual.

La Meditación de la Bendición del Útero

Cierra los ojos y toma conciencia del cuerpo.

Siente el peso de tu cuerpo sobre el cojín y el peso de tus brazos sobre el regazo. Realiza una respiración profunda y siéntete centrada internamente.

Toma conciencia del útero; imagina, percibe o siente que el útero es como un árbol con dos ramas principales adornadas de hermosas hojas y frutos rojos y brillantes en los extremos.

Imagina o siente que las raíces del árbol crecen y se adentran profundamente en la oscuridad de la tierra, conectándote, anclándote y permitiéndote recibir energía dorada en el útero.

Siéntete enraizada y equilibrada. (Pausa)

Ahora deja que la imagen de tu Árbol del Útero se agrande hasta que sus ramas se separen a la altura de tu corazón.

Al conectar con esta imagen, imagina o siente tu centro del corazón abierto y un flujo de energía que circula hacia abajo por los brazos hasta alcanzar las manos y los dedos. (Pausa)

Siente la conexión de amor entre la tierra, tu útero y tu corazón. (Pausa)

Manteniendo la atención en el corazón, mira hacia arriba e imagina o siente que las ramas del árbol continúan ascendiendo hasta acunar la luna llena por encima de tu cabeza. La belleza de la luna llena te baña en una pura luz blanca y plateada que te limpia el aura y la piel. (Pausa)

Ábrete a recibir la luz de la luna. Deja que penetre por la coronilla y llene de luz tu cerebro. (Pausa)

Relájate un poco más y recibe esta luz en el corazón. (Pausa)

Relájate todavía un poco más, abre tu útero y deja que la energía llegue hasta él en una bendición. (Pausa)

Para terminar la meditación:

Toma conciencia de las raíces de tu Árbol del Útero y siente o percibe que se adentran en las profundidades de la tierra.

Mueve los dedos de las manos y de los pies.

Respira hondo. Abre los ojos y sonríe.

¡Ahora come algo delicioso!

EL DESPERTAR DE LA ENERGÍA FEMENINA

LA BENDICIÓN MUNDIAL DEL ÚTERO Y EL RETORNO A LA AUTÉNTICA FEMINIDAD

La creación del mundo

En la creación del mundo, la Primera Mujer abrió los ojos y miró los árboles y el cielo, el río y las montañas, y formuló la primera pregunta:

—¿Quién soy?

Y los Primeros Animales del mundo respondieron y acudieron para contárselo. La Mujer Liebre se le aproximó y le dio una flor.

—Eres una Liebre —afirmó.

Luego la Mujer Caballo dejó a su manada y entregó a la Primera Mujer un espejo.

—Eres una Yegua —señaló.

La Mujer Búho descendió en picado y dejó caer un cuchillo curvo a los pies de la Primera Mujer.

—Eres una Búho —gritó.

Y la Mujer Oso se sentó delante de la Primera Mujer y le ofreció un cuenco de obsidiana.

—Eres una Osa —gruñó.

La Primera Mujer miró a los animales, confundida.

—¿Cómo puedo ser todas vosotras? —preguntó.

Entonces llegó la Mujer Serpiente y le colocó un cinturón alrededor de la cadera en el que sujetó todos los objetos.

—Eres una Serpiente —aseveró—. Fluyes.

De repente apareció la Madre Luna bañándolas a todas con su luz y su belleza.

—¡Ah! Primera Hija, has descubierto quién eres —dijo sonriendo.

La Primera Mujer miró su cinturón y después alzó la mirada hacia la Madre Luna.

—¿Pero cómo sabré cuándo soy del Clan de las Liebres, del Clan de los Caballos, del Clan de los Búhos o del Clan de los Osos? —preguntó.

—Te lo mostraré desde el cielo. Cuando veas crecer mi rostro, quédate con el Clan de la Liebres; cuando veas en él una sonrisa completa, permanece con el Clan de los Caballos; cuando lo veas inclinarse, visita el Clan de los Búhos, y cuando desaparezca del cielo, sígueme e hiberna con el Clan de los Osos —replicó la Madre Luna.

Y la Primera Mujer supo quién era.

CAPÍTULO 1

LA BENDICIÓN MUNDIAL DEL ÚTERO: UN VIAJE PERSONAL

No es fácil determinar «el inicio» de la Bendición Mundial del Útero, debido al gran cúmulo de experiencias y aprendizajes que intervinieron en su creación. La Feminidad Sagrada siempre ha formado parte de mi camino, y con solo diez años ya me dedicaba a pintar imágenes de diosas y sacerdotisas. A mi parecer, no había distinción entre mi espiritualidad y las energías creativas que fluían a través de mí. El mundo que me rodeaba era sagrado, repleto de energía e inspiración. Dado que mi lenguaje era el de las imágenes y los sentimientos, me resultaba complicado encontrar las palabras para definir mis experiencias, pero sabía que expresar mi creatividad era reflejo de una bella relación con la divinidad tanto en el mundo que me rodeaba como en mi interior.

En la veintena escribí mi primer libro: *Luna roja: emplea los dones creativos, sexuales y espirituales del ciclo menstrual*[1], el cual surgió a raíz de una llamada interior que me instaba a saber quién era y por qué me resultaba tan difícil ser mujer en un mundo masculino. Al igual que la Primera Mujer del relato anterior, me preguntaba: «¿Quién soy?».

---

[1] Gray, Miranda. *Luna roja: emplea los dones creativos, sexuales y espirituales del ciclo menstrual*. Gaia Ediciones: Madrid, 2016. (*N. de la T.*)

Aunque era sumamente consciente de las energías cambiantes que fluían en mi interior, al carecer de la estructura o el lenguaje necesarios para poder entender estos cambios, creía que me pasaba algo. No había tenido lugar aún la expansión de los conocimientos y los recursos a través de Internet, de modo que no resultaba fácil encontrar información sobre las energías, la curación y la espiritualidad femeninas.

Cuando empecé a compartir mis observaciones sobre los ciclos con otras mujeres, me di cuenta de que no era la única que vivía estas experiencias. Puesto que sabía que mis reflexiones no podían ser un descubrimiento moderno y que en el pasado las mujeres debían haber tenido conocimiento de estos cambios energéticos, investigué sobre la mitología y el folklore europeos en busca de la tradición oral femenina de estas culturas. En la mitología encontré historias sobre la Feminidad Sagrada y la respuesta a lo que significa ser mujer.

Luna roja fue el resultado de mi viaje de autodescubrimiento; tras su publicación, comencé a impartir talleres basados en el libro y a estudiar diversos enfoques de sanación, energía y espiritualidad alternativos, al tiempo que trabajaba como ilustradora *free lance*. Exploré la espiritualidad celta y occidental, me formé en diferentes técnicas de trabajo energético tales como Reiki y Flor de la Vida, y durante dieciséis años compaginé mi trabajo como sanadora y profesora de técnicas energéticas con el de diseñadora gráfica y desarrolladora multimedia. A medida que aumentaba mi sensibilidad hacia las energías, fui pasando de expresar mi creatividad e inspiración principalmente a través del arte, a hacerlo a través del trabajo energético espiritual, y fusioné y creé nuevos sistemas basándome en las energías y la inspiración que fluían a través de mí.

Con el cambio de milenio sucedió algo: las mujeres dejaron de estar interesadas en su feminidad o en explorar su conexión con la Feminidad Sagrada y pasaron varios años antes de que este tema volviera a suscitar interés poco a poco. Advertí las primeras señales de cambio a raíz del renovado interés por *Luna roja* y el aumento de propuestas de publicación en diferentes idiomas. Con objeto de promocionar el libro, viajé por diversos países europeos para impartir talleres de *Luna roja* de un día. Las mujeres que conocí deseaban saber más acerca de su feminidad, entenderse a sí mismas, descubrir sus energías femeninas y experimentar una relación personal con la Feminidad Sagrada.

En diciembre de 2011, mi maravillosa amiga Belinda García Reyes se ofreció para organizar un taller de *Luna roja* en Londres. Al pedirle su parecer respecto a la incorporación de alguna novedad en el taller que fuera del agrado de las mujeres, me sugirió que hiciera una sanación del útero mediante la imposición de manos a cada participante. Aunque, lamentablemente, el taller no salió adelante, su propuesta me dio que pensar, ¡y eso siempre resulta peligroso!

A partir de entonces, comencé a sentir el impulso de llegar a más mujeres de lo que era posible con pequeños talleres, y una llamada en mi corazón de ofrecer algo más que sanación. Mi corazón deseaba ayudar a las mujeres a despertar por completo a su feminidad y espiritualidad auténticas para así llevar una vida más plena y satisfactoria.

Siento que las diferentes formas en las que he expresado mi creatividad han sido mi manera de mantener y compartir la energía y presencia de la Feminidad Sagrada. Su presencia me acompaña y toma forma fluyendo a través de mí. Al seguir sus energías en mi cuerpo y escuchar su voz en la naturaleza y en las estrellas, en mi corazón, en mi útero y en la tierra, nació el trabajo energético que constituye la Bendición del Útero.

Recibí la primera Bendición del Útero con la versión de una meditación que tuvo su origen en *Luna roja* y que se había convertido en mi práctica personal con el paso del tiempo. La belleza de la energía de la primera Bendición fue impresionante y marcó el inicio de un camino de profunda transformación que ha cambiado mi vida enormemente. Cada vez que me preparaba para recibir la Bendición del Útero, usaba esa meditación para abrir mis energías, conectar con la Feminidad Sagrada y permitir que su energía fluyera en y a través de mí. En la actualidad, esta meditación se emplea como preparación para la Bendición del Útero.

En mi corazón sabía que la vibración de la Feminidad Sagrada estaba destinada a todas las mujeres, no solo a aquellas a las que podía conocer en persona; de modo que guiada por el amor de la Feminidad Sagrada, y gracias a mi experiencia personal con la energía de la Bendición y el conocimiento de las técnicas energéticas, empezó a tomar forma la Bendición Mundial del Útero.

BENDECIR NUESTRA FEMINIDAD:
¿POR QUÉ EL «ÚTERO» Y POR QUÉ UNA «BENDICIÓN»?

En el contexto de la Bendición del Útero, la palabra «útero» es un símbolo de la feminidad original que encarnamos y del centro energético femenino situado en la zona inferior del abdomen y en el útero; este centro energético existe al margen de si tenemos o no un útero físico, y sus energías influyen en todos los aspectos de nuestra vida: el modo en que pensamos y sentimos, nuestras energías sexuales, nuestra creatividad y nuestra espiritualidad. Aun cuando dejemos de ser fértiles, seguimos encarnando una feminidad bella, mágica y poderosa.

Escogí el término «bendición» debido a que se trata de una acción que toma algo considerado común y lo restituye a su naturaleza original sagrada. Una bendición nos ayuda a reconocer la presencia divina en nuestro interior y en el mundo que nos rodea. Numerosas mujeres consideran su útero y sus ciclos como algo trivial de escasa relevancia en sus vidas, a menos que deseen tener un hijo o el útero les cause algún tipo de dolor o alteración. Muchas mujeres odian sus ciclos, su feminidad y sus cuerpos y están desconectadas de la sacralidad esencial y de las energías en movimiento del centro energético del útero. La Bendición del Útero constituye un regreso a la sacralidad de *todo* lo que implica ser mujer.

La palabra «bendición» tiene distintas raíces en las diferentes lenguas. En español, proviene del latín *benedictio*, que significa «decir bien», de modo que una «bendición del útero» significa expresar en el mundo los aspectos positivos de nuestras energías femeninas. Por otro lado, en inglés antiguo, «bendición» procede de una voz cuyo significado es convertir algo en sagrado, especialmente a través de la sangre.

Las Bendiciones del Útero son un camino de regreso a la sacralidad original (simbolizada por la palabra «bendición») hacia todo lo que significa ser mujer (simbolizada por el «útero»), en un amoroso abrazo. En este acogedor retorno conocemos nuestra verdadera identidad y obtenemos empoderamiento y sanación.

La primera invitación

En enero de 2012 decidí llevar a cabo la primera Bendición Mundial del Útero; para ello, envié una invitación a veinte amigas de diferentes países por correo electrónico, proponiéndoles que se unieran a mí y extendieran la invitación a cualquier mujer que pudiera estar interesada. Ofrecí la Bendición del Útero a cuatro diferentes horas del día para hacerla accesible a mujeres que vivieran en países de diferentes zonas horarias.

La feminidad auténtica tiene que ver con conectar, entrelazar, crear, incluir a otros y compartir desde el corazón. La vibración específica de la energía de la Feminidad Sagrada en la sintonización de la Bendición Mundial del Útero no es algo que se nos brinda para que nos lo quedemos, sino para compartirlo, de modo que incorporé la «Meditación para Compartir». Esta meditación permitía a las participantes compartir la energía de la Feminidad Sagrada entre ellas, a través de un vínculo establecido de útero a útero en la hora elegida.

¡No tenía ni idea de lo que iba a ocurrir!

Si bien me alegré mucho cuando llegó la primera inscripción, ¡muy pronto comenzaron a llegar cientos de correos electrónicos! Así pues, decidí tomarme tres semanas libres y también hubo de ayudarme mi marido a procesar los registros. Los últimos días antes de la primera Bendición Mundial del Útero llegamos a recibir alrededor de mil solicitudes diarias de todo el mundo que íbamos registrando de forma individual.

Ofrecí la primera Bendición Mundial del Útero coincidiendo con la luna llena más próxima a la festividad celta de Imbolc o la fiesta de la Candelaria, a principios de año. Esta luna llena, en una época en la que la renovación y el crecimiento hacen su aparición en la tierra, resonaba profundamente con el despertar y la activación de nuestra feminidad sagrada y su crecimiento emergente en el mundo.

En esta Bendición participaron 6.029 mujeres de algo más de 80 países.

Me sentía impactada, sorprendida y profundamente honrada. La Feminidad Sagrada había lanzado su llamada, y los corazones y úteros de las mujeres estaban respondiéndola.

Lo que empezó siendo una actividad solitaria y un deseo de enviar la Bendición del Útero a otras mujeres del mundo, se había convertido en una familia de mujeres interconectadas que se transmitían la energía de la Feminidad Sagrada mutuamente.

La respuesta a la primera Bendición Mundial del Útero

La respuesta a la primera Bendición del Útero —como revelaba el número de inscripciones, correos electrónicos, comentarios en Facebook, fotografías y testimonios— me enseñó que la Bendición Mundial del Útero constituía una llamada del corazón de las mujeres que atravesaba países, idiomas, culturas y tradiciones espirituales. Lloré leyendo las historias personales que me llegaron por correo electrónico que ponían de manifiesto el grado de fortaleza y coraje que muestran las mujeres en las condiciones, situaciones o experiencias más terribles. A través de sus voces no solo sentí la fuerza de la Feminidad Sagrada, sino que además percibí el dolor subyacente en la ruptura de la relación con Ella.

En la Bendición participaron mujeres de lugares remotos como las islas Galápagos o las islas de Reunión y Polinesia, de países árabes e Israel, de Latinoamérica, de Norteamérica, de Bali, de Corea, de diversos países europeos, de Australia y de la India, por nombrar solo unos pocos de los 80 países que tuvieron representación. Algo estaba conectando a estas mujeres y algo en sus corazones estaba respondiendo a la simple invitación de formar parte de una Bendición del Útero. Ese «algo» era la necesidad global de volver a conectar con la sacralidad de nuestra feminidad y dar validez a nuestra fortaleza, creatividad, sexualidad y espiritualidad **como mujeres**.

Por medio de una simple Bendición del Útero, habíamos ido mucho más allá de nuestro despertar personal y habíamos comenzado a formar parte de una activación mucho más amplia: el despertar de todas las mujeres y el despertar de la Feminidad Sagrada por todo el mundo. En mi corazón, la Feminidad Sagrada y la llamada interior de las mujeres pedían más Bendiciones globales.

En la actualidad, tienen lugar cinco Bendiciones Mundiales del Útero cada año durante la luna llena más próxima a una de las festividades celtas, a fin de reflejar las energías de la Feminidad

Sagrada que se manifiestan en la luz de la luna y en el ciclo de la tierra. La Bendición final del año se produce durante la luna llena más cercana al solsticio de invierno y constituye una oportunidad para conectarnos con un grupo de amorosas hermanas que ofrecen sanación a todas las mujeres del mundo.

La Bendición Mundial del Útero se expresa con la voz de la Feminidad Sagrada, la cual habla en muchos idiomas. Es sumamente importante para mí que la Bendición resulte accesible a todas las mujeres, y gracias a la amabilidad de las traductoras voluntarias, esta invitación ha podido llegar a tantas mujeres. Si mi invitación inicial fue la chispa, las traductoras han sido la leña que ha contribuido a que las llamas crezcan y se expandan por todo el mundo: sin ellas, la Bendición del Útero no habría llegado a 150 países.

El nacimiento de las «Moon Mothers»

El propósito de la Bendición ha sido siempre contribuir al despertar de las mujeres a su feminidad auténtica. Ha crecido y evolucionado de una forma femenina y natural: poco estructurada, creativa, intuitiva, inspirada y receptiva. Después del primer Día de la Bendición del Útero, numerosas mujeres me contactaron expresándome su deseo de aprender a dar la Bendición, y en sus peticiones, una vez más, escuché la voz de la Feminidad Sagrada. Me comprometí a acudir allí donde me llamara, a fluir con su energía y a responder a las peticiones de las mujeres. Sabía que la Feminidad Sagrada estaba solicitando a estas mujeres que difundieran Su energía mediante armonizaciones individuales de la Bendición del Útero; también les pedía que participaran en el servicio de transmitir la vibración de la energía de la Feminidad Sagrada en los eventos mundiales, y que apoyaran a otras mujeres en el camino del desarrollo personal y espiritual entre una Bendición y otra.

Si bien la sintonización personal de la Bendición del Útero se desarrolló a partir de la Bendición Mundial del Útero, sus efectos son ligeramente diferentes. Esta última trabaja con los patrones comunes que necesita sanar *el grupo* formado a las diferentes horas, mientras que el primero se centra únicamente en aquello que más necesita despertar y sanar una mujer *individual*. Ambos tipos de sintonización originan un despertar transformador, y la sanación se produce a raíz de los cambios energéticos.

En abril de 2012 impartí en Londres el primer taller de formación de la Bendición del Útero, el cual marcó el inicio de un nuevo camino tanto para mí como para las participantes. Nos convertimos en las primeras «Moon Mothers», mujeres que se ofrecen a potenciar, apoyar y difundir el despertar de la feminidad auténtica en las mujeres. La siguiente Bendición Mundial del Útero, que contó con la incorporación de las nuevas Moon Mothers, constituyó una experiencia bella y poderosa. Vi estrellas brillantes sobre esta red de úteros interconectados que se entrecruzaban por toda la tierra: cada una de ellas era una Moon Mother que enraizaba la energía de la Feminidad Sagrada en su tierra y enviaba energía a través de los úteros conectados de todas las participantes.

Moon Mothers: mujeres que desean ayudar a otras mujeres

A medida que aumentaba el número de mujeres que tomaban parte en las actividades por todo el mundo, comencé a recibir invitaciones para enseñar en diversos países. Cada invitación era la voz de la Feminidad Sagrada mostrándome adónde llevar la Bendición del Útero, y cada Moon Mother era un medio para que la Bendición del Útero llegara a más mujeres.

El compromiso que muestran las mujeres con la formación es realmente inspirador. En los primeros talleres hubo mujeres que llegaron a conducir toda la noche con los niños dormidos en el coche para llegar a tiempo; otras viajaron en avión hasta Europa desde Canadá, Australia, México y Perú, muchas de ellas afrontando grandes retos económicos. Conocer a estas mujeres fue una lección de humildad y me demostró la fuerza de la llamada de su corazón, su valentía y su pasión. Sentí que si las mujeres mostraban este nivel de implicación con la Feminidad Sagrada viajando grandes distancias para aprender, yo también debía mostrar mi compromiso viajando por el mundo para enseñar.

Las Moon Mothers tienen edades comprendidas entre los 18 y los 80 años, y aunque proceden de diversos contextos y poseen diferentes niveles de experiencia, todas comparten dos aspectos: la llamada de la Feminidad Sagrada en sus corazones, y el entusiasmo, el compromiso y el amor necesarios para compartir la Bendición del Útero. Al compartir la Bendición del Útero, estas mujeres transitan una senda de un desarrollo personal y espiritual intenso y poderoso. Cuando ofrecen una Bendición, también la reciben, y despiertan con mayor profundidad a su feminidad auténtica y a la Feminidad Sagrada. Se trata de exploradoras que abren un camino energético que puedan seguir otras mujeres, y que portan de manera creciente la vibración de la feminidad auténtica, lo cual permite que otras mujeres también resuenen con ella.

Las Moon Mothers y el equilibrio de la energía femenina

Si bien la mayor parte de las mujeres descubre que el camino del despertar de cada Bendición está lleno de alegría, conexión y ternura, para algunas este proceso puede resultar algo más intenso física y emocionalmente. Con objeto de ayudar a estas mujeres durante su «nacimiento», enseñé a las Moon Mothers la *Sanación del Útero-Restauración del Equilibrio Energético Femenino*, la cual se enfoca en los tres centros energéticos principales femeninos, y ayuda a equilibrar y restablecer los aspectos bloqueados o agotados de las energías femeninas. A medida que se desarrolló, también empezó a usarse como preparación a la Bendición Mundial del Útero, así como para ayudar a las chicas jóvenes durante la transición hacia la edad adulta y a las mujeres con sus ciclos menstruales y sus problemas físicos.

La Restauración del Equilibrio Energético Femenino también se emplea para apoyar a las mujeres durante la perimenopausia, el período en el que los ciclos se vuelven irregulares, y la posmenopausia, la fase que comienza a partir de la última menstruación. Las primeras etapas de la posmenopausia pueden suponer un desafío similar al de la perimenopausia, pues aún se atraviesan multitud de cambios.

Los grupos de la Bendición Mundial del Útero

La llamada de la Feminidad Sagrada ha representado un poderoso impulso en el crecimiento y desarrollo de la Bendición del Útero. Numerosas mujeres de todo el mundo sintieron esa llamada que les impulsaba a conectarse y compartir con otras mujeres y, de este modo, comenzaron a crearse grupos de la Bendición del Útero independientes en diferentes países. Algunos eran pequeños y privados, formados por unas cuantas amigas y familiares, otros eran grandes y abiertos, y estaban integrados por más de cien mujeres. Además, los grupos establecidos en los distintos países se conectaban entre sí a través de Skype o de conferencias web, a fin de participar juntos en las meditaciones.

La Bendición Mundial del Útero se ha convertido en una bella celebración, a la vez que en una bendición de todo lo que significa ser mujer. Ha inspirado a algunas mujeres a reunirse, especialmente en zonas del mundo donde se creían solas con su llamada del corazón y sus experiencias. Las actividades que se llevan a cabo por todo el mundo conectan a las mujeres que no disponen de un grupo local, o que viven bajo un régimen que no les permite expresar su feminidad auténtica, con una familia espiritual femenina que apoya su despertar y da validez a todos los aspectos de su feminidad, considerándolos buenos, dignos y bellos.

La Bendición del Útero se ha difundido por todo el mundo porque las mujeres han confiado en sus corazones y han ofrecido generosamente su tiempo y sus talentos. Mi ofrenda inicial fue solo la chispa y ahora el fuego pertenece a las mujeres creativas e inspiradoras que lo alimentan y reúnen a otras mujeres para sentarse junto a él y compartir juntas sus historias, sus lágrimas, su felicidad y sus experiencias.

Que yo sepa, la «mujer» más joven que ha participado en la Bendición Mundial del Útero tiene tan solo 9 años, y la mayor, 91. Todas tenemos una gran cantidad de luz y vida, coraje y entusiasmo, amor y fortaleza para intercambiar, independientemente de la edad.

En lo que a mí concierne, el camino de la Bendición del Útero me ha supuesto diversos retos y cambios. En ocasiones, me he alejado tanto de mi «zona de confort» que ya ni la recuerdo siquiera. La Bendición del Útero ha estado y estará al servicio de la Feminidad Sagrada para el despertar de las mujeres en consonancia con Su amor. Cuando las mujeres muestran tanta fortaleza y compromiso con la llamada de la Feminidad Sagrada, resulta evidente que este despertar es solo el comienzo de un movimiento sorprendente que está cambiando el mundo.

Ejercicio: La luna interior: conecta con la luna en el centro energético del útero

Este suave ejercicio establece una relación entre el centro energético del útero y tú. Se centra en la cintura pélvica, la cual rodea parcialmente la parte inferior del abdomen y crea el hermoso cuenco que proporciona soporte al feto mientras se desarrolla dentro del útero.

La siguiente meditación es una bella forma de desplazar la atención desde la cabeza al centro energético del útero, el centro de las energías y el empoderamiento femeninos; también puede ayudarte a reducir el estrés y la tensión de la vida cotidiana. Cuanta más atención prestes al centro del útero, más se convertirá en tu fuente de fortaleza y arraigo.

Al igual que sucede con el resto de meditaciones propuestas en este libro, *no es necesario tener un útero físico o un ciclo menstrual* para llevar a cabo la meditación y sentir sus beneficios.

Siéntate en una posición cómoda y realiza una respiración profunda.

Cierra los ojos y toma conciencia de tu útero físico, o bien del centro energético del útero situado en la parte inferior del abdomen.

Respira hondo dirigiendo el aire a la zona del bajo vientre y relájate.

Imagina, percibe o siente un precioso cuenco dorado lleno de agua situado en el espacio pélvico.

Al mirar en su interior, contemplas el reflejo de la luna llena y las estrellas.

Respira hondo de nuevo y relaja la musculatura de la parte inferior del abdomen.

Ahora advierte la presencia de la luna llena encima de ti y del reflejo de su luz en el útero. Imagina o percibe que portas la luz de la luna en tu interior.

Fíjate en cómo te sientes.

Presta atención a cualquier sensación física.

El centro del útero está conectado con los ciclos y con las hermosas energías y el amor de la Feminidad Sagrada.

Cuando estés lista para terminar, coloca las manos en la zona inferior del vientre. Realiza una respiración profunda, abre los ojos y sonríe.

CAPÍTULO 2

¿POR QUÉ ES TAN IMPORTANTE EL ÚTERO?

Una mañana, la Primera Mujer se sentó en la orilla de un río y fabricó un recipiente de barro que dejó secar al sol. Su creación era tan bella que los Primeros Animales se acercaron para admirarla. Al atardecer, tanto ella como los animales estaban cansados y sedientos, de modo que llenó el recipiente con agua y dio de beber a cada uno; después tuvieron hambre, pero la Primera Mujer no tenía nada que ofrecerles; así pues llamó a la Madre Luna cuando su rostro completo apareció en el firmamento:

—Madre, ayúdame, por favor. Necesito alimentos para los Primeros Animales. ¿Qué puedo hacer?

—Llena tu cuenco con mi luz y crearé suficientes alimentos para todos —respondió desde el cielo la Madre Luna.

La Primera Mujer alzó el cuenco por encima de su cabeza para que pudiera llenarse de la luz de la luna y, cuando lo bajó de nuevo, de él salieron todo tipo de alimentos. Los animales se aproximaron y comieron hasta que se sintieron tan satisfechos y somnolientos que se acurrucaron alrededor de la Primera Mujer y se quedaron dormidos.

Aunque la Primera Mujer también deseaba dormir, no tenía ningún lugar donde depositar su cuenco.

—Madre —llamó—. No tengo dónde colocar el cuenco. ¿Podrías guardármelo?

—Lo guardaré en un lugar seguro para que puedas usarlo siempre que lo necesites —contestó la Madre Luna.

El cuenco se transformó en luz, y a través de un rayo de luna, la Madre Luna lo situó en la zona inferior del vientre de la Primera Mujer.

—¡Ah! —suspiró la Primera Mujer, y se dispuso a dormir con las manos posadas sobre su nuevo cuenco.

El concepto del útero del mundo moderno

La desconexión de nuestro ser completo

El desarrollo de la ciencia y la medicina modernas ha desempeñado un importante papel a la hora de moldear nuestros sentimientos hacia el útero.

El abordaje masculino basado en la objetividad y en «arreglar» las cosas ha alejado a numerosas mujeres de la conciencia experiencial subjetiva de sus energías femeninas y ha impedido la validación de estas importantes experiencias. El centro del útero, la mente y el corazón están íntimamente conectados, y trabajar solamente con el aspecto físico significa separar a las mujeres de su ser completo y de una percepción total de ellas mismas y de su vida. El resultado de este aislamiento de su propia identidad es vivir a partir de una perspectiva inconsciente fundamentada en el miedo.

Al eliminar los sentimientos de integridad, creatividad y empoderamiento de nuestras vidas, y al convertir en inaceptables aspectos naturales de nosotras mismas y una amenaza para nuestra supervivencia o posición si no los anulamos, la sociedad desencadena en nosotras la respuesta de «lucha o huida» del cerebro primitivo. De este modo, nuestras vidas reflejan estas dos respuestas con episodios donde nos mueven el miedo, la rabia y la agresividad, o bien nos sentimos limitadas por la ansiedad o una sensación de vulnerabilidad. Nuestras respuestas primitivas ante el estrés o los peligros se imponen a las hermosas transformaciones y dones que subyacen en las fases de los ciclos del útero y nos alejan aún más de las experiencias positivas y constructivas que nos aportan. Perdemos el contacto con el gozo que produce una relación espiritual con el mundo y con el placer de acceder a nuestra inspiración y poder creativo y expresarlos. Sin comprender por qué nos sentimos desconectadas, surgen sentimientos de frustración, confusión interna y autodesprecio, que crean vidas insatisfechas, problemas físicos relacionados con el útero y los ciclos, dificultades en las relaciones y una falta de propósito y dirección en nuestra vida.

Si bien en los años sesenta y setenta la aparición de «la píldora» nos liberó del miedo a los embarazos no deseados, también introdujo en la mente de las mujeres el enfoque científico de controlar y «adaptar» el cuerpo y el ciclo menstrual. Más que la libertad que prometía a las mujeres, la píldora ha alejado a diversas generaciones de sus ciclos y energías femeninas hasta llegar a vivir en una cultura en la que la influencia del útero y los ciclos se consideran irrelevantes en el mejor de los casos, o incluso negativos.

La ciencia y la medicina «solucionan» los «problemas» físicos. Por medio de una publicidad sutil (y a veces no tan sutil), las empresas farmacéuticas enseñan a las mujeres que el centro del empoderamiento femenino —el útero— constituye un problema que solamente puede arreglarse mediante la supresión. El problema subyacente actual —vivir en una sociedad que nos fuerza a una expresión antinatural de la feminidad para poder sobrevivir— no se aborda, y los problemas físicos, mentales y emocionales de las mujeres continúan produciéndose y aumentando.

Reconectar: la esperanza y el camino por delante

Todas nosotras padecemos una desconexión de nuestro útero en algún grado porque nunca hemos tenido la libertad de crecer viviendo una vida totalmente femenina en una sociedad que dé validez y alimente la feminidad auténtica.

Las Bendiciones del Útero nos ofrecen esperanza y un nuevo camino, no solo a nosotras, sino también a las generaciones futuras. Nos aportan sanación y liberación, y un modo de volver a sentirnos «bien» con nuestro cuerpo y nuestra identidad. Nos proporcionan aquello que anhelamos en el corazón y en el útero: una forma de sentirnos auténticas, conectadas y completas.

> **Ejercicio: ¿Qué es la desconexión?**
>
> La conexión consiste en experimentar la propia identidad.
>
> Fíjate un momento en dónde localizas la sensación de identidad en tu cuerpo.
>
> La respuesta podría ser: «En la cabeza», o si sientes amor en este momento, podría ser: «En el corazón».
>
> Ahora toma conciencia de las palmas de las manos. ¿Las sientes?, ¿son parte de ti?, ¿forman parte de tu identidad?
>
> ¿Y las plantas de los pies?, ¿puedes sentirlas?, ¿son parte de ti?
>
> A continuación, desplaza la atención al útero, o bien al centro del útero que se encuentra en la zona inferior del abdomen. ¿Puedes sentirlo? ¿Forma parte de tu identidad?
>
> A aquellas de nosotras que vivimos «en la cabeza» puede resultarnos sumamente difícil sentir una sensación de identidad en el útero a menos que estemos experimentando dolores premenstruales o estemos embarazadas. Esta falta de conciencia del útero y el poner nuestra identidad fuera de él es el resultado de la desconexión.

Es posible que hayas notado que durante este simple ejercicio el útero ha comenzado a responder a tu atención. Quizá estés empezando a sentir su presencia, o tal vez te duela un poquito. El útero está respondiendo a tu atención porque desea restablecer la conexión natural con la mente.

Ejercicio: El Útero Mágico: la conciencia del útero o del centro del útero

Ahora que hemos dado el primer paso para conectarnos con el útero, podemos empezar a construir una relación interactiva y amorosa con él. La siguiente meditación fue publicada por primera vez en *Luna roja* e inició un camino que se convirtió en la meditación de la Bendición del Útero.

Si no tienes útero, puedes practicarla como una forma de conectarte con el centro energético del útero imaginándote el útero y los ovarios.

Cierra los ojos y relaja el cuerpo.

Concéntrate en el útero.

Las trompas de Falopio se encuentran a cada uno de sus lados, y los ovarios, en sus extremos.

Céntrate en uno de tus ovarios y luego en el otro. Tal vez comiences a sentir cada vez más tensión o calor en esa zona.

Ahora visualiza cómo el útero aumenta de tamaño hasta abarcar todo tu cuerpo.

Siente cómo las trompas de Falopio se extienden desde tus hombros y visualiza tus brazos, que se abren como ramas y están cargados de óvulos cual si fueran frutos en tus manos.

Deja que la energía creativa de tu útero emerja desde tu interior, circule por tus brazos y llegue hasta tus dedos, hasta hacerlos hormiguear.

Asimila completamente la imagen de tu útero.

Poco a poco baja los brazos y deja que el útero vuelva a su posición normal.

Reconoce su presencia en la zona inferior del abdomen.
Realiza una respiración profunda y abre los ojos.

Después de este ejercicio es probable que sientas una gran serenidad o que tengas la necesidad de crear con el fin de utilizar la energía generada.

¿Cómo te has sentido?

¿Han respondido a tu atención el útero y los ovarios? Anota tu experiencia.

Tal vez desees practicar esta meditación en diferentes fases de tu ciclo menstrual, o bien en diferentes fases de tu ciclo lunar a fin de liberar las energías que formen parte de tu naturaleza en esos momentos.

El útero: la sede del empoderamiento femenino

El centro energético del útero es *el* centro de fortaleza y empoderamiento de las mujeres. Constituye nuestro acceso a las energías de la tierra, y cuando esta entrada está abierta y conectada, la grácil energía de la Madre Tierra asciende y nos llena de vitalidad, confianza en nosotras y en nuestro cuerpo, sensualidad e interconexión con el mundo físico. Nos sentimos completas, centradas y tranquilas en unidad con nuestro cuerpo y con la tierra. El útero y el corazón establecen una conexión directa y el centro del corazón se abre en resonancia con el radiante centro del útero, lo cual nos ayuda a expresar y utilizar nuestra fortaleza con amor.

Los ciclos del útero también ejercen un poderoso efecto en todos los aspectos de nuestras vidas: en las energías físicas, emocionales y mentales, en nuestras necesidades y deseos, en nuestras energías creativas, en nuestra sexualidad, en nuestra espiritualidad, en nuestras relaciones y en nuestro trabajo. Seamos o no conscientes de sus cambiantes energías, no hay nada en nuestras vidas que no esté afectado por nuestros ciclos. ¡La Feminidad Sagrada y su patrón subyacente en nuestra feminidad auténtica están presentes en la vida de todas nosotras!

Nuestra relación con el centro energético del útero es interactiva, no solamente a través del cuerpo y los sentimientos, sino también de la mente y los pensamientos. La percepción de nuestra identidad, de nuestra vida y del mundo que nos rodea puede ejercer un efecto físico en el útero y sus ciclos; e igualmente el útero y sus ciclos pueden influir profundamente en nuestra forma de pensar.

Nuestro centro del útero y sus energías ejercen un efecto profundo y poderoso en todos los aspectos de nuestra vida.

Así como acostumbramos a asociar «la cabeza» con nuestra parte pensante y «el corazón» con nuestra parte amorosa, hemos de recuperar «el útero» para referirnos a nuestra identidad femenina empoderada.

El hogar del alma femenina

El centro energético del útero es también el hogar espiritual del alma femenina, nuestro modelo de feminidad auténtica. Debido a la desconexión con nuestro útero hemos perdido la sensación de plenitud en el alma y de ser mujeres completas. También hemos perdido el contacto con la orientación y el propósito de nuestra alma y los sentimientos de empoderamiento y fuerza interior duradera que nos brinda.

El centro del útero nos conecta con la tierra y con la luna; con el mundo material y espiritual. Uniendo el cuerpo, el corazón y la mente a través del ciclo espiral de sus energías cambiantes encarnamos la Feminidad Sagrada, la cual dio origen a los ciclos del universo y es la creadora de la vida. Con el centro del útero nos empoderamos al darnos cuenta de que nada se pierde realmente, de que todo existe dentro del Útero Universal y sus ciclos de cambio y creación.

El poder del ciclo del útero: algo más que la fertilidad

El útero tiene mucho más que ofrecernos a las mujeres que «simplemente» permitir la procreación o causar dolor o alteraciones en nuestra vida. ¡Si no hubiera ventajas para las mujeres en estas energías cíclicas, la selección natural las habría eliminado hace miles de años! De modo que hemos de preguntarnos:

¿Qué valor añadido tienen nuestros ciclos y las energías asociadas a ellos para que la Madre Naturaleza los mantenga como parte de la naturaleza femenina?

Al experimentar una fase premenstrual o menstrual que nos suponga un especial desafío quizá deberíamos preguntarnos: ¿qué ganancia me aporta esta experiencia? ¿Cuáles son sus beneficios biológicos, personales y sociales? Realmente existe un aspecto positivo en todo esto.

¿Qué valor tiene el ciclo menstrual más allá
de la fertilidad?

El ciclo menstrual incluye dos ciclos diferenciados: un ciclo de **renovación de la energía física y la resistencia** y un ciclo de **niveles cambiantes de percepción y pensamientos predominantes**.

Cada uno de nuestros ciclos constituye una maravillosa oportunidad de renovar y restablecer nuestras energías mentales, emocionales y físicas. Cada mes, la naturaleza nos proporciona alrededor de una semana de descanso en la que restablece nuestras energías y las prepara para el siguiente ciclo. En esta fase de descanso ocurre algo maravilloso: podemos tener acceso a la capacidad sanadora natural de nuestro organismo, pero solo si paramos, escuchamos las necesidades de nuestro cuerpo y descansamos. Cada ciclo constituye además un excitante viaje a través de niveles de percepción cambiantes. A veces se nos acusa a las mujeres de estar cambiando de idea constantemente: ¡y es cierto, lo hacemos! Cada fase tiene un nivel de conciencia que prevalece y colorea nuestra percepción de la vida. El viaje del ciclo consiste en un trayecto que desciende desde la mente intelectual y racional hasta la oscuridad de nuestro nivel de conciencia más profundo: la mente del alma. Cuando aflojamos las resistencias y permitimos que la mente del alma predomine en nuestra fase menstrual, accedemos a la energía y los ritmos naturales a los que también tenemos acceso durante el sueño y nos beneficiamos de la sanación que nos proporciona esta perspectiva única.

He aquí los niveles de conciencia predominantes que experimentamos en cada ciclo:

1. **La mente pesante.** Prevalece en la fase preovulatoria, antes de la expulsión del ovocito, y suele experimentarse como una acentuación del pensamiento racional y positivo y de la creatividad mental.
2. **La mente sensible.** Prevalece en la fase de la ovulación, en la que tiene lugar la expulsión del ovocito, y suele experimentarse como una acentuación de los sentimientos, la empatía y la creatividad práctica.
3. **La mente subconsciente.** Prevalece en la fase premenstrual, antes del sangrado, y suele experimentarse como

patrones conductuales y emocionales profundos y una mayor intuición y creatividad inspirada.
4. **La mente del alma.** Prevalece durante la fase menstrual o de sangrado y suele experimentarse, cuando nos concedemos descanso, como una profunda sensación de unidad, conexión y sabiduría espiritual.

Cada ciclo constituye un asombroso proceso de sanación personal y renovación energética; en cada ciclo se manifiestan diferentes formas de pensamiento, creatividad, energía sexual y espiritualidad.

Lo anterior nos empodera con **cuatro formas potenciales** de resolver los problemas, de innovar, de enfocar las tareas, de formar una familia y de crear un mundo a nuestro alrededor. Nuestra naturaleza —bella, asombrosa y poderosa— nos hace únicas: los hombres no tienen un ciclo menstrual, y ninguna otra criatura de la tierra posee estas capacidades cambiantes y la oportunidad de aplicarlas del modo en que podemos las mujeres.

> **Nosotras las mujeres somos posiblemente las criaturas más flexibles, talentosas y creativas del planeta.**

Fueron estos aspectos cambiantes de la feminidad los que dieron origen a la cultura humana. El desarrollo de la familia, las relaciones y la comunidad se produjo gracias a la creatividad, la conciencia y las energías cíclicas de las mujeres. También debemos al ciclo femenino el desarrollo de la agricultura, la cocina, la artesanía y el comercio, así como la enseñanza, las artes y la espiritualidad.

Todo esto contribuyó a originar la cultura y la sociedad: el ciclo menstrual está íntimamente relacionado con el éxito del ser humano como especie.

La menopausia: el útero más allá del ciclo

Si creemos que ser mujer solo tiene que ver con la fertilidad, deberíamos preguntarnos:

¿Por qué las mujeres siguen viviendo una vez pasados sus años fértiles?
¿Qué aspectos positivos ve la Madre Naturaleza en *estas* mujeres?

Las energías del ciclo menstrual no mueren cuando cesan nuestros ciclos, sino que se combinan para crear un nuevo tipo de mujer: una Mujer Completa. El tránsito de la Mujer Cíclica, una mujer que tiene un ciclo menstrual, a la Mujer Completa, una mujer que ha dejado de tener ciclos de forma natural, supone el inicio de una nueva forma de feminidad que posee su propia fortaleza, dones y sabiduría. Al igual que un gusano, nos transformamos en mariposa y penetramos en la tercera de las cuatro etapas vitales de las mujeres: la jovencita, la mujer fértil, la mujer sin ciclo y la mujer mayor.

Cuando accedemos a la fase no cíclica de nuestra vida, nos convertimos en una mujer diferente. Con el tiempo, esta etapa nos lleva a la fase de la Anciana Bruja, que se inclina más por la espiritualidad que por el mundo exterior; estos cambios se producen de forma gradual a pesar de las expectativas sociales para las que hemos de seguir siendo las mismas si queremos sobrevivir y ser «dignas».

A las mujeres modernas se nos ofrece
una imagen aterradora del proceso de envejecimiento,
el cual se considera como una degeneración carente
de reconocimiento social o espiritual.

La naturaleza ve el aspecto positivo de las Mujeres Completas, aunque no pueda decirse lo mismo de la cultura moderna. Las Mujeres Completas aportan sabiduría y experiencia. En el tránsito de la Mujer Cíclica a la Mujer Completa, la naturaleza nos pide que abracemos todos los aspectos y energías de nuestra feminidad auténtica que no hayamos vivido aún para poder integrarlos en nuestro ser.

La conciencia del mundo de la Mujer Completa es más amplia y profunda, y está centrada en las generaciones futuras, más que en los objetivos personales. Su espiritualidad y su conciencia espiritual aumentan, lo cual crea una valiosa conexión con la Feminidad Sagrada y Su orientación para la sociedad. Ella es la mano que sostiene, la guardesa del pasado y el futuro, la anciana y la joven. Porta el poder creativo del ciclo en el centro del útero y conserva su sangre sagrada, que está lista para manifestar sus deseos y sueños en el mundo.

Las Mujeres Completas encarnan la fortaleza emocional y el amor de la madre, la energía dinámica de la joven, la intuición e inspiración de la sacerdotisa y la calma interior y la penetrante sabiduría de la anciana. No es de extrañar que la naturaleza desee mantenerlas y que tantas sociedades hayan pretendido despojarlas de su poder.

El útero y sus ciclos y energías ofrecen mucho más de lo que la cultura moderna permite.

Nuestro propósito como mujeres es simple:
ser auténticamente femeninas
y aceptar, amar, expresar y disfrutar de
las energías y los dones asombrosos que nos aporta.

Ejercicio: Remover el Caldero: energizar el centro del útero

Esta sencilla visualización es una forma sumamente poderosa de revitalizar las energías del centro del útero, y puedes llevarla a cabo cada día. Si te has sentido desconectada del centro del útero en el ejercicio anterior, tal vez tengas que practicar este ejercicio varias veces antes de sentir una respuesta o experimentar un cambio en tus energías y sentimientos.

Este ejercicio también se utiliza como preparación a la Bendición Mundial del Útero. Cuanto más conectada estés con el centro del útero, mejor podrás experimentar el efecto de la energía de la Bendición del Útero de forma consciente.

Siéntate en una silla, o bien en el suelo, con los brazos posados suavemente sobre el regazo.

Toma conciencia de la zona inferior del abdomen.

Imagina un bello caldero dorado que descansa en la zona pélvica lleno de un líquido dorado resplandeciente.

Imagina que tienes una gran cuchara de plata de mango alargado con la que comienzas a remover el líquido del caldero.

Dibuja círculos y ochos en el agua con la cuchara, primero hacia un lado y luego hacia el otro. ¡Mueve las energías del centro del útero!

Haz esto durante alrededor de cinco minutos. ¡Disfruta!

Ahora coloca las manos en la zona del bajo vientre durante unos cuantos minutos y toma conciencia de cómo te sientes y qué ves o percibes.

Cuando estés lista para finalizar el ejercicio, sonríe y siente agradecimiento. A continuación mueve suavemente los dedos de las manos y los pies y abre los ojos.

¡Bebe un poco de agua y come algo delicioso!

Este ejercicio puede provocar una intensa respuesta física en algunas mujeres. Experimentar dolor en el útero puede ser una señal física de la profunda desconexión con las energías del útero, así como de un estrés subyacente causado por no vivir en armonía con nuestra naturaleza cíclica.

Si sientes dolor, tal vez desees dejar el ejercicio y tomarte un baño caliente, o bien colocar una bolsa de agua caliente sobre la zona. Considera este dolor como un signo positivo de la relación interactiva entre la mente y el útero, y ten presente que podemos utilizar esta interacción para construir una relación positiva.

A otras mujeres este ejercicio puede aportarles una sensación de equilibrio y fortaleza, y hacer que se sientan atractivas y cargadas de energía.

CAPÍTULO 3

¿QUÉ ES LA FEMINIDAD SAGRADA?

Una noche, la Primera Mujer se sintió sola. Los animales dormían en sus casas; así pues, sacó el cuenco de su vientre y miró dentro. Al principio, no vio nada más que las ondas que formaba su aliento en el agua; de modo que removió el líquido y miró de nuevo. Esta vez contempló su propio rostro, que poco a poco fue convirtiéndose en el de una mujer madura y después en el de una anciana. Sorprendida, se aproximó más.

La Primera Mujer removió otra vez el cuenco y esta vez vio la Primera Tierra cubierta de nieve invernal. Mientras miraba, la nieve se fundió para dar paso a la primavera, y en los árboles aparecieron los primeros brotes verdes y brillantes. Poco a poco los árboles fueron mostrando el verde esmeralda del verano y, a continuación, las hojas formaron remolinos de tonos otoñales rojos y amarillos. Por último, los árboles se quedaron desnudos en la oscuridad del invierno.

Después, volvió a remover el cuenco y vio una media luna elevándose en el cielo nocturno, tornándose llena y decreciendo hasta desaparecer en la oscuridad.

Al volver a remover el cuenco vio la imagen de la rueda de estrellas alzándose en el firmamento nocturno hasta alcanzar su cúspide, para descender de nuevo y desaparecer bajo el horizonte.

Seguidamente alzó el cuenco, mirándolo asombrada. ¡Algo tan pequeño contenía todo el universo!

La sabiduría ancestral: comprender el flujo de las energías femeninas

En el pasado, la Feminidad Sagrada era percibida como el universo. Su cuerpo era todo: los animales y las aves; la tierra y los océanos; los planetas y las estrellas. Así como nuestro espíritu y fuerza vital habitan en nuestro cuerpo, el espíritu y la vida de la Feminidad Sagrada moran en el interior del cuerpo del universo. No existe nada que no sea la Feminidad Sagrada, Ella es la unidad y la diversidad, y todo forma parte de Ella. Al igual que nuestro cuerpo se compone de diferentes partes —dedos de los pies, pechos, ojos, huesos, etc.—, la Feminidad Sagrada también posee múltiples aspectos. Nuestro cuerpo es su cuerpo, y nuestro espíritu y fuerza vital son su espíritu y su energía; esto significa que no hay nada que sea «impuro» o «sucio», no hay nada que no sea sagrado o que no forme parte de Ella. La expresión de la Feminidad Sagrada es el amor, y este amor es activo y pasivo; dinámico y receptivo; quietud y movimiento; espiritual y material.

Nuestras antecesoras reconocieron la Feminidad Sagrada en todas sus formas y expresiones tanto en el mundo como en su interior. La vieron cambiar en el ciclo de las estrellas, el ciclo de las estaciones, el ciclo de la luna, el ciclo de las mareas, el ciclo de la vida y el ciclo de las mujeres: manteniendo intacta su esencia a pesar del cambio contante. Estas mujeres honraron todos los aspectos de lo femenino como ciclo completo y como fases individuales.

Los arquetipos femeninos: un tesoro perdido

Lamentablemente, en el mundo moderno hemos perdido la sabiduría ancestral y la comprensión de la Feminidad Sagrada y su expresión a través de la feminidad auténtica. En la actualidad el término «feminidad» únicamente expresa pasividad y atención y cuidados desinteresados, pues se han eliminado los aspectos dinámicos y poderosos considerados amenazadores por diversas sociedades y religiones.

El concepto de feminidad también se vio afectado negativamente a raíz del desarrollo y uso de los términos «mujer interior» y «hombre interior», «lado masculino» y «lado femenino» empleados para describir la naturaleza de los hombres y las mujeres. Somos mujeres seamos o no receptivas y maternales o agresivas y competitivas.

Cuando vemos que una leona ataca ante una amenaza, no decimos que está expresando su lado masculino, sino que aceptamos que está manifestando su naturaleza femenina natural; pues bien, hemos de aceptar nuestra feminidad del mismo modo.

Denominar el aspecto dinámico de nuestra naturaleza «nuestro lado masculino» es limitar nuestra comprensión y expresión de lo que significa ser mujer.

Del mismo modo, etiquetar la suavidad de un hombre como «femenina» es también limitar nuestra comprensión de la masculinidad. En realidad, no existe un «lado masculino» de nuestras energías: nuestra feminidad está compuesta de diversos niveles y expresiones de energías receptivas *y* dinámicas.

En el folklore y la mitología podemos encontrar un eco de la comprensión antigua de las energías femeninas y sus energías cíclicas en historias sobre cuatro *arquetipos femeninos*, patrones originales que poseemos todas las mujeres. Son los siguientes:

- La **Doncella** joven y dinámica
- La **Madre** suave y nutricia
- La **Hechicera** dinámica y madura
- La **Anciana Bruja** sabia y solitaria

Los cuatro arquetipos femeninos de la Doncella, la Madre, la Hechicera y la Anciana Bruja son las energías universales que encarnamos todas las mujeres.

Las energías y dones de estos cuatro arquetipos están expresados en las cuatro etapas de la vida de una mujer y en las cuatro fases de su ciclo menstrual. Así como en nuestro ciclo vital experimentamos cambios energéticos y de conciencia en el tránsito de mujer joven a mujer fértil y de mujer madura a mujer mayor, también se transforman nuestra energía y nuestra conciencia durante las distintas fases del ciclo menstrual. Cada etapa de nuestra vida y cada fase de nuestro ciclo poseen una energía y un enfoque diferentes, y todos por igual son una hermosa y sorprendente expresión de ser mujer.

Estos arquetipos incluyen dos expresiones dinámicas de las energías femeninas —la Doncella y la Hechicera— y dos expresiones receptivas —la Madre y la Anciana Bruja—. Reconocer las energías femeninas en estos términos no solo **nos libera de las limitaciones impuestas por las expectativas y etiquetas sociales**, sino que además nos permite explorar nuestra feminidad auténtica y descubrir cómo podemos expresar estas energías en el mundo para generar cambios positivos y armoniosos.

El significado de ser femenina

Ser «femenina» implica expresar nuestra naturaleza femenina sagrada, al margen de nuestra edad, nivel de fertilidad o estado físico. Ser femenina no es solo ser delicada y maternal, también significa percibirnos a nosotras mismas como la joven doncella, la guerrera activa, la buscadora de iluminación, la reina empoderada, la próspera dadora, la tejedora, la atractiva hechicera, la bella bruja, la mujer salvaje, la serena sacerdotisa, la rival, la caminante de los mundos, la abuela del mundo, la vidente y la fea y poderosa vieja bruja.

ENCUENTRA TU FEMINIDAD SAGRADA

Si bien en numerosas tradiciones espirituales existen enseñanzas específicas sobre lo Divino, las mujeres disponemos de una guía única y personal de la Feminidad Sagrada que es accesible a todas nosotras, nos conecta con su presencia y energías, nos ofrece ayuda y apoyo, y nos muestra cómo generar felicidad y satisfacción. Esta guía se encuentra en nuestro cuerpo y en la conciencia de nosotras mismas.

> **El cuerpo es nuestro texto sagrado.**
> **El ciclo mensual y el ciclo vital**
> **son nuestras oraciones.**

Nuestros cuerpos son básicamente los mismos que los de nuestras antecesoras, y, al igual que ellas, podemos sentir la presencia de la Feminidad Sagrada en nuestro interior y expresarla en el mundo a través de sus múltiples formas; al igual que las mujeres que nos precedieron, somos «la Luna en la Tierra», expresiones de la Feminidad Sagrada en todas sus formas; como sucede con la luna, solo podemos ver la fase actual de una Mujer Cíclica —no podemos ver el ciclo completo ni la mujer completa—; y aunque cambiamos de fase como la luna, nuestra esencia permanece intacta. Somos luz y oscuridad, lo externo y lo interno, el movimiento y la quietud, lo visible y lo oculto. Mi libro *Luna roja* explora con más detenimiento la sabiduría ancestral sobre el ciclo menstrual y la Feminidad Sagrada que puede encontrarse en el folklore y la mitología, así como sus aplicaciones en nuestras vidas.

Ejercicio: ¿Cómo te llamo? Nombrar a la Feminidad Sagrada

Al no disponer de enseñanzas específicas sobre la Feminidad Sagrada, numerosas mujeres no tienen claro cómo referirse a Ella. A menudo, lo primero en lo que pensamos es buscar en Google «nombres de diosas» y escoger designaciones de mitologías y tradiciones que no pertenezcan a nuestro origen étnico ni a nuestra zona. Sin embargo, la Feminidad Sagrada no pertenece al pasado: está viva y vibrante en las mujeres de hoy, en la tierra que nos rodea y en la luna. En lugar de utilizar nombres antiguos, podemos utilizar nuestra intuición y nuestra creatividad para que nos inspiren sobre cómo dirigirnos a Ella.

Escucha su voz durante las diferentes fases de tu ciclo, siente cómo sus energías se expresan a través de ti y nómbrala según los sentimientos e imágenes que te evocan. Observa las fases de la luna y la sucesión de las estaciones en la tierra y deja que la Feminidad Sagrada se dirija a ti directamente a través de tu corazón, tu útero y tus sentimientos.

Si el nombre que escoges para Ella te llena de amor y tu cuerpo se relaja cuando piensas en él, eso quiere decir que es la designación que Ella prefiere adoptar para su relación contigo en esta fase de tu ciclo y de tu vida.

Danzar con la Feminidad Sagrada

No tenemos que «creer» en la Feminidad Sagrada, simplemente experimentamos su presencia en cómo nos sentimos, en nuestras energías variables y en los cambios que tienen lugar en la naturaleza. La Feminidad Sagrada es algo más que palabras o conceptos intelectuales: se halla presente en nuestra naturaleza, en quiénes somos ahora y en las expresiones de quiénes somos. Si bien la experiencia de la Feminidad Sagrada de cada mujer será única y diferente, dicha experiencia será auténtica para ella y creará una relación real e interactiva basada en la atención mutua.

Vivir con la Feminidad Sagrada de forma consciente constituye una danza en la que el ritmo de la música cambia constantemente y la Feminidad Sagrada guía nuestros pasos. Ella es nuestra pareja de baile permanente, a veces dirigiendo, otras veces dejándonos dirigir a nosotras, en ocasiones enseñándonos nuevos pasos y movimientos, pero siempre guiándonos cuando cambia la música. Cuando somos su pareja, podemos fluir con la música, ser libres y dejar que nos abra a nuevas experiencias de gozo, magia y asombro.

Escucha tu cuerpo. Escucha su voz en tu corazón y en tu útero. Relájate y fluye, y la hallarás en tu vida.

¿Por qué es importante la Feminidad Sagrada para las mujeres modernas?

La Feminidad Sagrada nos muestra cómo gestionar el cambio, cómo eliminar el estrés de ser mujer en un mundo donde prevalece la energía masculina y cómo valorar las transformaciones propias del envejecimiento, para dejar de oponernos a ellas y abrazar nuestro potencial verdadero.

La Feminidad Sagrada: la clave para gestionar el cambio

El mundo moderno cambia de forma tan vertiginosa que a menudo hemos de esforzarnos para seguir el ritmo de tantas modificaciones. Cambios que antes hubieran llevado dos o tres generaciones, ahora tienen lugar en dos o tres años. Las habilidades esenciales, los objetivos vitales, los valores y las perspectivas que transmitimos ahora a nuestros hijos se transformarán varias veces antes de que lleguen a la edad adulta.

Los cambios cada vez más rápidos y la consiguiente falta de estabilidad y seguridad generan un constante estrés de fondo en muchas mujeres. Cuando nos sentimos estresadas, nuestra interacción con el mundo se produce desde el aspecto más primitivo del cerebro y, de este modo, nuestra vida gira en torno a la supervivencia, la inseguridad, la resistencia y el centrarse en una misma, en lugar de hacerlo en la apertura, el amor, la alegría, la relajación y la generosidad. Cualquier cambio —tanto si es positivo como si nos presenta un desafío— puede ser etiquetado como «malo» al alterar nuestra sensación de seguridad.

Pero ¿qué pasaría si nos sintiéramos cómodas con el cambio? ¿Y si fuéramos capaces de abrazar el cambio tanto en lo que nos rodea como en nuestro interior sin trastocar nuestra identidad ni amenazar nuestro amor por nosotras mismas ni nuestra autoconfianza? Pues bien, la Feminidad Sagrada nos brinda la clave para gestionar el cambio en nuestra vida.

La Feminidad Sagrada nos ofrece un camino
por el que fluir con gracia en medio de los cambios de la vida,
guiadas por su naturaleza cambiante y las
experiencias de nuestra propia naturaleza cíclica.

Las mujeres: artífices del cambio

Seamos o no conscientes de ello, nosotras las mujeres tenemos una sabiduría y un conocimiento íntimos asociados al cambio.

Como mujeres con un ciclo menstrual
CAMBIAMOS todos los días.

Cada día damos un pequeño paso por la fase actual de nuestro ciclo, dejando atrás la fase anterior y encaminándonos hacia la siguiente. Si comparamos un día con otro resulta difícil apreciar este cambio, pero si comparamos una semana con la siguiente (la duración aproximada de las experiencias de una fase del ciclo menstrual) podemos observar grandes diferencias. *Vivimos el cambio* y lo experimentamos todos los días como una parte integral de ser mujer que nos empodera.

La Feminidad Sagrada, expresada en los ciclos cambiantes de la luna y las estaciones, nos muestra que podemos estar transformándonos constantemente y, a la vez, mantener intacta nuestra esencia. Nos revela las fases naturales del cambio —el ciclo de actividad y descanso— y nos señala que abrazar el cambio no es complicado (al fin y al cabo, es nuestra naturaleza inherente). En realidad, es la resistencia a cambiar lo que resulta difícil y perturbador y lo que nos resta energía.

Cuando reconocemos la Feminidad Sagrada en el mundo que nos rodea, vemos que todo se mueve en sintonía con el flujo eterno de amor y creación divinos. Cuando reconocemos la Feminidad Sagrada en nuestros ciclos, nos muestra cómo fluir con el cambio, al aceptar el ciclo de acción y descanso y al considerar las modificaciones como una oportunidad para ser creativas en el mundo. Nos enseña que todas las experiencias nos revelan qué es lo que amamos y cuáles son nuestros deseos, y nos ayuda a centrarnos en ese amor para que nos inspire, nos infunda valor y haga realidad nuestros sueños. Nos aleja de la montaña rusa de las emociones y nos conduce a lo profundo de nosotras mismas hasta un punto de calma y fortaleza situado en el centro del ciclo y en el centro de nosotras mismas. Esta es la parte de nosotras que no cambia, la parte de nosotras que se expresa en el mundo a través de las diferentes mujeres en las que nos convertimos en las distintas fases de nuestro viaje por el ciclo menstrual.

El secreto del cambio armonioso

Al abrazar nuestros cambios cíclicos poco a poco va resultándonos más fácil abrazar las modificaciones externas. Dejamos de oponer resistencia a nuestra naturaleza cíclica y comenzamos a reconocer nuestros pensamientos y emociones cambiantes. Nos aceptamos más, lo cual nos permite aceptar el mundo y a otras personas. En esta autoaceptación hallamos un lugar de calma, fortaleza y amor que nos ayuda a acoger los cambios gozosamente.

La Feminidad Sagrada: la clave para entender el estrés de ser mujer en un mundo masculino

Además del estrés de un mundo que cambia rápidamente, las mujeres soportamos el estrés adicional de ser **incapaces de vivir en armonía con nuestra naturaleza auténtica.**

Para la mayor parte de las mujeres de entre diez y cincuenta años aproximadamente, nuestra naturaleza es cíclica. Sin embargo, se nos educa con la expectativa de que vivamos, trabajemos y nos comportemos como hombres. Se nos enseña, de forma poco realista, que aquello que realiza a los hombres y satisface sus necesidades nos hará felices también a nosotras, y cuando no estamos contentas ni cumplimos estas expectativas, nos sentimos culpables, enfadadas y deprimidas. Preguntas como «¿Por qué me siento así?», «¿Por qué actúo así?» y «¿Por qué no puedo controlarme?» constituyen sinceros lamentos que se originan desde lo más hondo de nosotras. La respuesta es que no comprendemos quiénes somos: ¡mujeres cíclicas que expresan la Feminidad Sagrada en toda su belleza cíclica!

Cuando luchamos contra nuestra naturaleza con la intención de «encajar» con las expectativas, cuando nos reprimimos o restringimos, o bien nos obligamos a actuar de forma ajena a nosotras, pueden generarse sentimientos de frustración y agresión hacia nosotras mismas, y estos sentimientos se extienden hacia lo que nos rodea. No somos ni «buenas» ni «malas», simplemente albergamos **expectativas equivocadas** sobre quiénes somos, y nuestros niveles más profundos responden a esta presión esforzándose por obtener reconocimiento y por satisfacer sus necesidades. A medida que recorremos nuestro ciclo, expresamos diferentes aspectos de nuestra feminidad auténtica de forma natural, incluso si no somos conscientes de ellos, y es nuestra falta de comprensión de estos aspectos de nosotras mismas lo que aumenta nuestra frustración y estrés y nos lleva a preguntarnos con sinceridad: «¿Por qué soy así?».

La Feminidad Sagrada da validez a nuestra naturaleza cíclica y nos muestra los beneficios, puntos fuertes y sabiduría disponibles en cada fase de nuestro ciclo. A medida que reconocemos y acogemos sus energías y presencia en cada fase, comenzamos a vivir de forma novedosa. Empezamos a llevar a cabo ciertas actividades en fases específicas porque **resultan más fáciles**. Reconocemos las necesidades que subyacen en nuestras fases, y cuando hacemos algo para satisfacerlas, tranquilizamos el área primaria del cerebro, que está programada para «la carencia y el ataque», y vivimos desde un lugar más amoroso, generoso y pleno. Cuando realizamos actividades que expresan nuestras energías internas de forma consciente, ocurre algo increíble: sentimos plenitud, satisfacción, fortaleza y equilibrio. ¡Tras la montaña rusa de emociones que tiene lugar a lo largo del mes, esto puede ser una bendición en sí misma!

Si bien la mayor parte de nosotras formamos parte de una sociedad en la que no nos es posible vivir en armonía completa con nuestra naturaleza cíclica, sí *podemos* hacer pequeñas cosas para satisfacer nuestras necesidades cambiantes y expresar las energías variables de la Feminidad Sagrada. Solo con llevar a cabo actividades modestas en armonía con nuestra fase, comenzamos a liberarnos del estrés que acarreamos y empezamos a generar sentimientos de fuerza interior y plenitud inherentes a nuestra naturaleza femenina. El capítulo 9 nos proporciona una serie de actividades diarias que pueden realizarse entre las Bendiciones Mundiales del Útero.

La Feminidad Sagrada nos brinda un modelo de feminidad auténtica; da validez a nuestra naturaleza femenina y nos ayuda a abrazar los cambios que conlleva. Al comprender su naturaleza, podemos vivir en sintonía con nuestros cambios y energías y danzar una senda cíclica en un mundo lineal.

EJERCICIO: RECONECTAR CON LA FEMINIDAD SAGRADA: ELIMINAR EL ESTRÉS MEDIANTE LA CONEXIÓN

Gran parte del estrés de nuestros días está causado por la percepción de que carecemos de poder o control. Con la tecnología y expectativas modernas es posible que tengamos una lista interminable de cosas que hacer y no es de extrañar que a menudo nos sintamos desbordadas. Si a esto le añadimos nuestra naturaleza cíclica, nuestros niveles cambiantes de energía y capacidades, y una sociedad que no apoya esta sorprendente naturaleza, a veces podemos sentirnos abrumadas por una sensación de impotencia especialmente en las fases premenstrual y menstrual.

Cuando nos abrimos a la Feminidad Sagrada y tratamos de vivir activamente en armonía con su naturaleza, ganamos fortaleza y equilibrio en nuestra feminidad, lo cual nos aporta la capacidad y el poder de tomar decisiones y de actuar. El siguiente ejercicio nos abre a la Feminidad Sagrada y le deja espacio en nuestro útero y centro del útero.

Siéntate en una posición cómoda con las palmas de las manos hacia arriba apoyadas en los muslos, o bien a la altura del útero.

Cierra los ojos y toma conciencia del útero y el centro del útero.

Respira hondo y relaja la musculatura de la parte inferior del abdomen de forma consciente.

Siente, imagina o establece la intención de que el centro del útero se abra en todas las direcciones, envolviendo la zona del bajo vientre y las caderas.

Pronuncia en silencio: «Abro mi útero a la Feminidad Sagrada. Por favor, reposa en mi útero».

Relaja la zona conscientemente al decirlo.

Respira suavemente mientras repites estas palabras varias veces.

Relájate en la experiencia y fíjate en cómo te sientes.

Cuando estés lista para terminar, imagina o establece la intención de que del centro del útero broten raíces que penetren en la tierra.

Mueve los dedos de las manos y de los pies y abre los ojos.

Toma algo de beber y de comer.

Tal vez desees practicar este ejercicio una vez en cada una de tus fases, o bien durante las diferentes fases de la luna. Fíjate en cómo te sientes y cómo experimentas la presencia de la Feminidad Sagrada en el útero.

Quizá desees usar una pulsera o collar de bolas como cuentas de meditación. Pronuncia las palabras por cada cuenta que pases.

La Feminidad Sagrada: la clave para una menopausia significativa

Cuando una cultura da validez a la Feminidad Sagrada en todos sus aspectos, también se valora la feminidad de las mujeres que entran en la madurez. Hemos visto que nuestra feminidad no reside solamente en la fertilidad, sino que se expresa en todos los aspectos de la vida de una mujer desde el nacimiento hasta la muerte. La sociedad moderna suele valorar poco a las mujeres maduras, las cuales a menudo viven vidas cada vez más empobrecidas y aisladas. Sin embargo, son estas mujeres, que se hallan en la entrada entre el mundo material y el espiritual, las que poseen una sabiduría y visión profundas, libres de los condicionamientos sociales del mundo moderno.

> **La perspectiva de la falta de valor debido a la ausencia de un ciclo fértil y de un aspecto joven hace que el cambio de la fase vital de la Madre fértil suela estar envuelto en temor y una sensación de pérdida.**

No es de extrañar que la transformación que nos conduce a ser mujeres posmenopáusicas sea estresante y que nos esforcemos en retrasar la entrada a las dos últimas fases arquetípicas de la vida: la Hechicera y la Anciana Bruja. En nuestro viaje perimenopáusico y posmenopáusico de cambios dinámicos que constituyen un desafío, encarnamos el arquetipo de la Hechicera; y a medida que nuestras energías se ralentizan y sentimos un impulso del alma que nos lleva a retirarnos y a centrarnos en el lado espiritual de la vida, encarnamos el arquetipo de la Anciana Bruja.

El camino hacia la plenitud

Las mujeres que establecen una conexión con la Feminidad Sagrada son capaces, sin embargo, de apreciar el valor y la fortaleza de estas últimas etapas de la existencia. Observan que tras la fase «álgida» de la luna y la marea, así como después de la abundancia del verano, viene una fase dinámica de energías salvajes y cambios que suponen un desafío, así como una intuición y creatividad más profundas. También se percatan de que tras las energías salientes de la marea, la luna menguante y la retirada de las energías del otoño, llega un período de quietud, paz y unidad que trae consigo aceptación y una conciencia espiritual profunda, a medida que se deshace el vínculo con el mundo material y las necesidades del ego. Si bien la vida continúa con su ritmo frenético, por debajo de todo ello sienten el pulso del universo y el lugar que ocupan en un orden que supera la imaginación. Durante el tránsito de la Mujer Cíclica a la mujer posmenopáusica nos liberamos de la influencia del ciclo hormonal y nos volvemos más sensibles a la influencia de los ciclos de la luna y la tierra. A través de estos ciclos podemos disfrutar de una profunda conexión espiritual con la Feminidad Sagrada. Si oponemos resistencia al proceso en el que el ciclo hormonal se convierte en un ciclo espiritual, nuestra vida se vuelve estresante al tratar de aferrarnos a aspectos de nuestra vida que ya no nos son de utilidad.

Pero cuando vemos que el paso de la fertilidad a la no fertilidad constituye un aspecto del ciclo de la Feminidad Sagrada y reconocemos el nuevo autoempoderamiento, espiritualidad y creatividad que nos aporta este cambio, somos más capaces de abrazar cualquier desafío y dar la bienvenida a esta novedosa y emocionante etapa vital. La Feminidad Sagrada muestra a las mujeres perimenopáusicas y posmenopáusicas cómo transformarse, así como la belleza implícita en esa transformación.

La posmenopausia no significa envejecimiento sino desarrollo espiritual.

Los cambios de la menopausia no tienen el propósito de ser negativos, sino que combinan armoniosamente todos los aspectos de nuestra feminidad en la Unidad.

¿Cómo nos ayudan la Feminidad Sagrada y la Bendición del Útero?

En estos tiempos de cambio constante y estrés generalizado, conectar con la Feminidad Sagrada —reconociéndola en nuestros cuerpos y sintiendo su presencia en los ciclos menstruales, en los ciclos de la tierra y en los ciclos de la vida— nos ayuda a reducir el estrés de la vida moderna. Tomamos conciencia de que existe un camino natural femenino que es diferente de las expectativas de la sociedad y que implica reconocer lo siguiente:

- Que cambiamos.
- Que durante las cuatro fases de nuestro ciclo somos mujeres diferentes con distintas energías, necesidades y capacidades.
- Que cuando vivimos en sintonía con nuestra feminidad auténtica experimentamos mayor amor y bienestar y nos sentimos más poderosas.

La Feminidad Sagrada nos muestra:

- Que cambiar está bien.
- Que somos lo suficientemente fuertes y creativas para fluir con el cambio.
- Que cada una de las etapas de nuestra vida nos conduce a través de una poderosa transformación repleta de dones.

La sintonización de la Bendición del Útero es una bella forma de hacernos más conscientes de la Feminidad Sagrada presente en nuestro interior y en el mundo que nos rodea. Por medio de esta conciencia creciente podemos sentir su orientación en nuestra vida mientras caminamos la senda del autoempoderamiento, la autoaceptación, el amor a una misma y la feminidad auténtica. Cada Bendición del Útero constituye una unión de nuestras energías y nuestra conciencia con la Feminidad Sagrada para así poder despertar y abrazar más de Ella en nosotras y aliviar el intenso dolor provocado por el aislamiento y la desconexión.

La sintonización de la Bendición del Útero también carga de energía el centro del útero, la fuente de nuestra fuerza y energías femeninas, y despierta aspectos de la Feminidad Sagrada que habían estado ocultos o latentes. Con cada Bendición del Útero despertamos más de nosotras mismas y descubrimos más acerca de quiénes somos, nuestros dones y pasiones, y nuestro propósito en la vida. Se nos otorga el amor y la valentía para vivir conforme a nuestro despertar.

Al recorrer cada año el camino de la sintonización de la Bendición Mundial del Útero, y despertar y vivir todos los aspectos de nuestra feminidad, la transición hacia la posmenopausia se vuelve más consciente, armoniosa y fluida. La Bendición del Útero ayuda a las mujeres que ya han pasado la menopausia a abrirse a todos los aspectos de su feminidad, a disfrutar de esta etapa de la vida y a acoger y experimentar la belleza de la unidad.

Cuando recibimos la Bendición del Útero, se elimina el estrés diario que nubla nuestra mente y por un rato descansamos bañadas en la luz de la energía de la Feminidad Sagrada que ilumina nuestra naturaleza auténtica. Regresamos al hogar de la Madre Divina y regresamos a nosotras mismas como sus hijas. En su luz desaparecen las barreras y obstáculos creados por el estrés y se sanan nuestros patrones de supervivencia, las limitaciones y los temores, los cuales se activan fácilmente con el ritmo de la vida moderna. Nos llena con una sensación de equilibrio y plenitud, de empoderamiento y de ser amadas y, de este modo, retornamos al mundo conscientes de su presencia y actuamos desde el amor, y no a partir de sentimientos de aislamiento y dolor. A medida que despierta aspectos de Ella en nosotras, nos ayuda a reconocernos como reflejos de su ser, y todo lo que somos es sagrado en ese reflejo.

En nuestra sacralidad, sabemos que tenemos la fuerza y la creatividad, la sabiduría y la intuición para caminar tranquilas en medio de las tempestades.

CAPÍTULO 4

LA BENDICIÓN DEL ÚTERO: UN DESPERTAR DE LA ENERGÍA FEMENINA

Un día, la Primera Mujer decidió visitar a la Mujer Tierra en su cueva y, cuando esta la vio, se abrazaron.
—Los pájaros me han hablado de tu precioso cuenco. ¿Podría verlo? —dijo la Mujer Tierra.
La Primera Mujer abrió el manto multicolor que había tejido y enseñó el cuenco a la Mujer Tierra.
—¡Ah! —exclamó la Mujer Tierra—. Ahora veo para qué sirve. Tengo un regalo para ti —añadió mientras se daba la vuelta.
La Mujer Tierra regresó portando un tarro de barro lleno de pintura, y dibujó algunos símbolos en el abdomen de la Primera Mujer con un pincel.
Mientras dibujaba pronunció las siguientes palabras:
—Te otorgo el poder del aire para crear los sueños que alberga tu corazón.
»Te otorgo el poder del fuego para apoyar los sueños que alberga tu corazón.
»Te otorgo el poder del agua para hacer mágicos tus sueños —añadió mientras dibujaba el tercer símbolo.
»Y te otorgo el poder de la tierra para que conozcas tu propio poder y los sueños de tu alma —concluyó mientras dibujaba el último símbolo.
La Mujer Tierra se apartó satisfecha.
—¡Um! —dijo asintiendo con la cabeza.

Comprender la Bendición del Útero

La sintonización de la Bendición del Útero es un compartir del amor y la luz de la Feminidad Sagrada gestionado por mujeres para el despertar de las mujeres.

Describir la Bendición del Útero ha sido un proceso complicado, ya que cuando trabajamos con la energía vamos más allá del mundo de las palabras y habitamos el mundo de los sentimientos, la intuición, la sabiduría interna y la unidad. La Bendición del Útero significa abrirse como una flor, y nuestra comprensión de su propósito y belleza sigue creciendo. Lo que empezó como una intención y un regalo de energía ha florecido en una organización que enseña a las mujeres a otorgar esta sintonización, y, junto con los conceptos y enseñanzas prácticas expuestos en *Luna roja,* no solo ofrece a las mujeres un despertar, sino también la comprensión de quiénes son y una orientación sobre cómo vivir mejor esa vida que sienten que merecen.

Si bien el mundo moderno da preferencia a las definiciones y las certezas, lo femenino es creativo, adaptativo, fluido y cambiante. El gozo y el asombro de la Bendición del Útero residen en verla expandirse en nuevas direcciones y expresiones que reflejan las necesidades de las mujeres y la creatividad de todas las participantes.

Así pues, ¿qué es la Bendición del Útero?

La Bendición es la primera sintonización energética con la Feminidad Sagrada diseñada específicamente para la estructura energética única de las mujeres y centrada en los cuatro arquetipos femeninos.

La sintonización eleva la vibración de los tres principales centros energéticos femeninos y crea una conexión fuerte y profunda con la energía de luz y amor de la Feminidad Sagrada. Despierta todas las energías de los cuatro arquetipos femeninos de la feminidad auténtica, un proceso que se inicia con la sintonización y continúa durante un mes. La Bendición también conecta el útero con la luna y las estrellas. Carga de energía el centro del útero, restablece nuestras energías femeninas y mejora la alineación de nuestra naturaleza cíclica con los ciclos de la feminidad universal. Por último, enraíza a las mujeres en la tierra poderosamente —conectando su útero con la Madre Tierra— e impulsa el regreso de su alma femenina.

La sintonización de la Bendición del Útero se otorga a través de una conexión mundial y también a través de las Bendiciones Personales del Útero ofrecidas por las Moon Mothers. La sintonización de la Bendición del Útero es un camino de despertar y de recepción de la energía de la Feminidad Sagrada, la cual está disponible para todas las mujeres, con independencia de su edad, estado físico, decisiones vitales, etnia o creencias; asimismo, la comunidad de la Bendición Mundial del Útero acoge e incluye el apoyo de los hombres. Cualquier mujer puede participar en todas las Bendiciones Mundiales del Útero y recibir Bendiciones Personales del Útero de las Moon Mothers cada mes para crear un camino personal rápido y profundo de intensa sanación y desarrollo personal y espiritual.

Los beneficios añadidos de la sintonización de la Bendición del Útero

Además de elevar nuestra vibración y despertar nuestra feminidad auténtica, la Bendición del Útero nos ofrece otros regalos adicionales; si bien estos presentes son tan individuales como las mujeres que reciben la sintonización, un gran número de las participantes experimentan:

- **Sanación física:** la Bendición nos otorga una sanación profunda, especialmente asociada con la zona inferior del abdomen, el ciclo, el útero y los ovarios, así como con los cambios físicos asociados con los cambios hormonales.

- **Sanación mental y emocional:** la Bendición nos ayuda a dejar atrás el pasado y liberarnos de emociones, tensiones y patrones antiguos, lo cual favorece la sanación del cuerpo. También puede ayudarnos a amar y aceptar más nuestra feminidad, a conocer nuestro propósito en la vida y a crear una vida mejor para nosotras.
- **Equilibrio y armonía del ciclo:** la Bendición puede ayudarnos a equilibrar nuestro ciclo menstrual y armonizar las expresiones emocional y mental de sus energías y arquetipos en cada fase.
- **Gozo y felicidad:** la Bendición nos ayuda a despojarnos de la culpa y las restricciones que cargamos, a adquirir una sensación de valía y libertad, y a desarrollar una conexión y una orientación espirituales.
- **Paz y restablecimiento:** la Bendición nos aporta un refugio de paz del estresante mundo masculino, y nos otorga una restauración de nuestra feminidad y un rencuentro interno.
- **Reposición de las energías creativas y sexuales:** la Bendición sana nuestro vínculo con la Madre Tierra, a menudo roto por el ritmo agitado de la vida moderna, de modo que puedan reponerse naturalmente las energías creativas y sexuales del centro energético del útero.
- **Vitalidad:** la Bendición carga de energía el centro energético del útero —que suele desvitalizarse con regularidad— y hace que nos sintamos revitalizadas, centradas y completas.
- **Sacralidad de nuestro cuerpo:** la Bendición nos conecta profundamente con la luz de la luna, lo cual nos permite cobrar mayor conciencia de la expresión de la Feminidad Sagrada a través de nuestro cuerpo, nuestros ciclos y los ciclos de la luna y el universo.
- **Empoderamiento:** la Bendición despierta la confianza en nosotras mismas y la fuerza interior, lo cual nos empodera y nos impulsa a desarrollar nuestra feminidad y crear una vida mejor para nosotras.

Los beneficios de recorrer el camino de la Bendición del Útero

Recibir armonizaciones de la Bendición del Útero con regularidad nos ayuda a mantener la conexión con los aspectos recién despertados de nuestra naturaleza auténtica en un mundo que amenaza constantemente con desconectarnos. Nos ayuda a continuar sintiendo el **placer**, la **felicidad** y el **bienestar** derivados de vivir en armonía con nuestra naturaleza auténtica.

La Bendición del Útero y mis libros *Luna roja, Las 4 fases de la luna roja*[1] y *Mensajes espirituales para mujeres*[2] se complementan y apoyan mutuamente. La sintonización de la Bendición del Útero **es la forma en la que despertamos** los aspectos ocultos y latentes de nuestros arquetipos femeninos, y mis libros muestran **cómo podemos vivir** pequeños detalles de la vida cotidiana en armonía con nuestra naturaleza auténtica, para así permanecer conectadas y aumentar la expresión de nuestra verdad y de nuestro bienestar.

La comunidad de mujeres de la Bendición Mundial del Útero

La comunidad de la Bendición del Útero creció a partir del deseo de las mujeres de extenderse la mano unas a otras alrededor del mundo y compartir su amor, sus esperanzas, sus lágrimas y su alegría, ¡y también sus fotografías! Compartir nuestra naturaleza cíclica y darle validez evita el aislamiento que podemos experimentar cuando no podemos expresar de verdad nuestras energías femeninas en la vida diaria.

El seguimiento de las historias y el desarrollo individual de las mujeres pone de manifiesto hasta qué punto la Bendición del Úte-

---

[1] Gray, Miranda. *Las 4 fases de la luna roja*. Gaia Ediciones: Madrid, 2016. (N. de la T.)

[2] Gray, Miranda. *Mensajes espirituales para mujeres*. Gaia Ediciones: Madrid, 2014. (N. de la T.)

ro puede cambiar nuestras vidas y nos inspira a mantenernos conectadas al camino de la Bendición del Útero. Descubrir el modo en que las mujeres están viviendo y expresando su naturaleza auténtica, y cómo están creando los grupos de la Bendición Mundial del Útero para difundir la Bendición, nos inspira a hacer lo mismo y a cambiar no solo nuestras vidas, sino las de otras mujeres.

Esta comunidad está integrada por mujeres de todas las edades y procedencias que poseen una gran pasión, creatividad, inspiración, conocimiento, experiencias vitales y formación. Cuando necesitamos ayuda, la comunidad está ahí para nosotras. La Bendición del Útero ha crecido de forma natural en respuesta a las necesidades de las mujeres. Podemos ser parte de esta expansión y crear la comunidad que deseamos.

La Bendición del Útero:
una meta compartida por mujeres de todo el mundo

El objetivo de la Bendición del Útero es muy simple: ayudar a todas las mujeres del mundo a despertar a su feminidad auténtica a través de la Bendición del Útero.

Ayudamos a todas las mujeres en su desarrollo y despertar personal con amor y comprensión, y generamos sanación y empoderamiento al compartir información sobre la naturaleza cíclica y los cuatro arquetipos femeninos. Nuestra intención es ayudar a las mujeres a generar éxito, satisfacción y abundancia a través de su expresión personal y la aplicación de su feminidad auténtica, así como crear un legado para las generaciones futuras.

También apoyamos a los hombres en su propio camino de despertar a su naturaleza auténtica.

La comunidad de la Bendición del Útero actúa como un puente que conduce a las mujeres desde las percepciones de la sociedad actual hacia el nuevo mundo de la feminidad auténtica. Las integrantes de esta comunidad son las guías y cada una de ellas posee su propio conocimiento y comprensión, de modo que existen tantos caminos para cruzar el puente como mujeres que desean atravesarlo.

Ejercicio: ¡Pruébalo!

¿Sientes curiosidad? ¡Descubre por ti misma cómo te sienta la Bendición del Útero! Me gustaría invitarte personalmente a que te registres en la próxima Bendición Mundial del Útero y que después compartas tus experiencias con otras mujeres para inspirarles a comenzar su propio camino de despertar y sanación. Compartir la invitación a registrarse es un modo de llegar a las numerosas mujeres que se sienten perdidas, sin saber quiénes son ni la razón de su malestar; igualmente, es una forma de responder positivamente a la llamada global que brota de los corazones y los úteros, de mostrar a nuestras hermanas que las comprendemos, que las amamos y que nos importan, así como de señalar que existe un camino para todas nosotras con el que podemos sentirnos completas, amadas y fuertes y con el que podemos mejorar el mundo.
Entra en www.wombblessing.com y haz clic en «Cómo registrarse y resolver los problemas».

La Bendición del Útero: un regreso a la feminidad auténtica y a la plenitud del alma

Nuestra auténtica feminidad es el patrón de nuestra feminidad original que está presente en nuestro cuerpo, en nuestras células y en nuestro ADN. Es el diseño de nuestra naturaleza femenina situado en el hogar de nuestra alma: el centro energético del útero.

El alma femenina expresa la Feminidad Sagrada a través de cuatro energías y cuatro niveles de conciencia que fluyen desde el centro del útero y guían nuestro corazón, nuestros sentimientos y nuestros pensamientos. Estas energías crecen y decrecen con el ritmo universal de la Feminidad Cíclica. Cuando actuamos y pensamos en armonía con nuestra feminidad auténtica y vivimos más sintonizadas con el flujo de energía y de conciencia, nuestro corazón se abre con júbilo, bienestar y felicidad por estar siendo quienes realmente somos.

> **Gozar con amor nos guía de regreso
> a nuestra feminidad auténtica
> y nos muestra cómo vivirla
> en la vida diaria.**

La sintonización de la Bendición del Útero nos ayuda a descubrir nuestra feminidad auténtica, al eliminar las restricciones y capas de separación que han ocultado nuestra forma original, lo cual permite que destaquen diversos aspectos del diseño de nuestra alma femenina para poder abrazarlos y vivirlos conscientemente.

> **Cada Bendición del Útero nos ayuda
> a eliminar de forma regular
> cualquier nueva capa de separación
> creada por nuestra cultura moderna.**

Asimismo, la Bendición del Útero vuelve a dirigir nuestra atención al útero: el centro del alma femenina. Cuando nuestra identidad se centra en el útero y está conectada a la energía de la tierra, el útero abre el centro del corazón y comenzamos a vivir, pensar y actuar desde el amor. El amor derriba nuestras barreras internas, nos abre y nos vuelve receptivas. En nuestra receptividad podemos abrirnos a la luz y el amor de la Feminidad Sagrada y permitir que nos llene y alivie nuestro pesar y nuestros sentimientos de separación. Dejamos de vivir desde la cabeza, para hacerlo desde el **alma-útero**, sintiendo que podemos compartir nuestra identidad verdadera con otras mujeres.

La Bendición del Útero:
despertar y sanación del alma en grupo

En cada Bendición Mundial del Útero se pide a las mujeres que se registren a la hora elegida entre las cuatro opciones disponibles, para recibir la sintonización de la Bendición. A la hora escogida, las participantes se conectan entre sí a través del centro del útero con la energía de su alma. La sintonización de la Bendición del Útero enviada a esa hora elimina los bloqueos, restricciones y patrones que **comparten en común todas ellas** y despierta algunos aspectos de sus energías arquetípicas femeninas de las que **todas** están desconectadas. Se despiertan los aspectos que son más relevantes para el grupo.

La Bendición Mundial del Útero es como una orquesta donde se funden las energías de las mujeres individuales para despertar y hacer sonar una bella sinfonía —un diseño específico de energías femeninas— en su ser.

La Bendición Personal del Útero:
despertar y sanación individual

Las Moon Mothers están entrenadas para ofrecer a las mujeres versiones personalizadas de la Bendición Mundial del Útero en sesiones individuales. Estas Bendiciones pueden recibirse una vez al mes entre una Bendición y otra. La Bendición Personal se centra en eliminar **los patrones que la mujer más necesita sanar en ese momento** y despierta los aspectos más importantes de **sus** energías arquetípicas femeninas. Es como ser una solista que crea su propia canción en el escenario. La

Bendición Personal del Útero puede producir una sanación rápida y profunda que origina cambios radicales en la vida de una mujer.

Tanto la Bendición Mundial como la Bendición Personal del Útero son profundamente transformadoras y han sido diseñadas específicamente para trabajar conjuntamente en el despertar de las mujeres.

EJERCICIO: ABRAZAR EL ALMA-ÚTERO COMO EL MARAVILLOSO CENTRO DE TU SER

El núcleo de nuestra esencia femenina se encuentra en el centro del útero, y **es nuestra alma-útero y sus energías lo que impulsa e influye en nuestro corazón, nuestros pensamientos y nuestros sentimientos.**

Cuando consideramos el útero como la fuente de amor que abre nuestro corazón y colma nuestra mente, nos arraigamos en nuestra feminidad y sentimos la fortaleza y el poder que nos pertenecen. Caminamos, amamos y pensamos desde el centro del útero.

Cierra los ojos y toma conciencia de la zona inferior del abdomen y del centro de tu alma-útero.

Al inspirar, relaja esa zona e imagina o siente una rosa bella y delicada de color melocotón situada en el centro del útero. Tiene cinco pétalos que se abren, resplandecientes, de amor en respuesta a tu atención.

Fíjate en cómo te sientes.

Observa cómo comienzas a relajarte.

Presta atención a cómo se siente tu corazón al centrarte en esa rosa color melocotón del centro del útero.

Disfruta de la experiencia tanto como desees.

Para terminar el ejercicio, realiza una respiración profunda, mueve los dedos de las manos y de los pies y abre los ojos.

Toma conciencia de la rosa, el útero y la conexión existente entre tu útero y tu corazón en tu vida diaria.

LAS ACTIVACIONES DE LA SINTONIZACIÓN:
ABRIR NUESTRA CABEZA, NUESTRO CORAZÓN Y NUESTRO ÚTERO

La técnica utilizada en la sintonización de las Bendiciones del Útero, tanto mundiales como personales, consiste en una serie de activaciones creadas mediante la fusión de diversos métodos energéticos de diferentes tradiciones, la observación de los flujos de energía propios del ciclo femenino y la escucha de la inspiración y orientación de la Feminidad Sagrada en el corazón, en el útero y en los momentos de quietud silenciosa que permite el ritmo agitado de la vida moderna.

Por medio del trabajo con la respiración y la transmisión energética, los tres centros energéticos femeninos más importantes —la cabeza, el corazón y el útero— reciben la vibración de la luz y el amor de la Feminidad Sagrada de la Bendición del Útero. A diferencia de otros sistemas energéticos, como el sistema de *chakras*, estos centros energéticos profundos se conectan mutuamente de forma directa. Al cambiar la vibración de estos centros energéticos, se modifica nuestra conciencia y se eliminan patrones antiguos, lo cual nos acerca a nuestra naturaleza auténtica. Este cambio de vibración —suave y poderoso al mismo tiempo— produce una transformación o un despertar.

La sintonización de la Bendición del Útero comienza con una **activación del centro energético que se encuentra en una zona profunda del cerebro,** que constituye la conexión entre nuestro cuerpo y la luz de la Feminidad Sagrada. Eleva la vibración de este centro y lo abre a la Luz Universal, lo cual aporta a nuestra conciencia personal la belleza y pureza de la Feminidad Universal a través de su aspecto de luna llena.

La segunda activación tiene lugar en el centro energético del corazón y ancla la suavidad y resplandor de la Compasión y el Amor Universales a través de la Feminidad Sagrada en su aspecto de luna llena. A medida que nuestro corazón se llena con esta energía, nos abrimos para aceptarlo todo y nos despojamos del miedo y la culpa acerca de nuestra identidad como mujeres y nuestra vida, lo cual nos produce tiernos sentimientos de amor, aceptación y suavidad.

La tercera activación tiene lugar en el interior del centro energético del útero, el cual eleva su vibración con la luz de la Feminidad Sagrada y lo abre a la expresión del Amor Universal a través de la luz de la luna. Este aumento de la vibración elimina las barreras y la dureza de nuestro interior y nos permite abrirnos a la alegría como una flor. Nos permite reconocer el centro del útero como el centro de nuestro ser. Libera las energías de nuestra feminidad auténtica que han estado bloqueadas o desconectadas y aporta armonía y equilibrio al flujo de energías que constituye nuestra naturaleza femenina cíclica.

Un año de Bendiciones: un camino hacia la plenitud

Cada Bendición del Útero nos abre un poco más al ritmo del fluir de la Feminidad Sagrada en nosotras y elimina restricciones y bloqueos profundos, lo cual permite que se sanen y se vuelvan conscientes nuevos aspectos de nuestras energías femeninas.

Cada Bendición del Útero recarga de energía nuestro centro energético del útero, desvitalizado de forma regular por la vida moderna, y fortalece nuestra conexión con la tierra y la luna, a fin de mantenernos arraigadas a nuestras energías femeninas y alineadas con nuestra naturaleza cíclica.

Cada año las cinco Bendiciones Mundiales del Útero nos ayudan a avanzar hacia la unidad con el ritmo de la Feminidad Sagrada. Nos ayudan a regresar a nuestro centro en las cambiantes etapas de nuestras vidas y nuestros ciclos, y nos empoderan para soltar aquello que ya no nos sirve y para sentirnos seguras y satisfechas con el resplandor del amor que se origina al aceptar totalmente nuestra identidad.

La Bendición del Útero es tanto un camino como un refugio. La vida moderna no apoya nuestra naturaleza auténtica, de modo que la vida cotidiana puede separarnos de nuevo de las energías que la Bendición del Útero ha despertado en nosotras; en este sentido, las armonizaciones de la Bendición del Útero regulares mantienen nuestra conexión con nuestras energías femeninas auténticas, así como despiertan nuevos aspectos de nosotras mismas. Recibir la Bendición es sentarse en un refugio de la luna, un cobijo femenino tranquilo en un mundo masculinizado.

La Bendición del Útero nos ayuda a
vivir como mujeres «auténticas».
Al vivir de verdad, permanecemos centradas en el corazón
y empoderadas ante las tormentas de la vida.

Un enfoque creativo:
cómo puedes usar la Bendición del Útero en tu vida

Cada Bendición del Útero puede utilizarse de diferentes maneras creativas, dependiendo de nuestro estado y nuestro propósito.

Una sanación:
restablecer nuestra armonía y nuestro equilibrio internos

Todas necesitamos sanarnos.

Necesitamos sanar nuestro cuerpo y construir una relación de amor y aceptación con él y sus cambios. Necesitamos sanarnos del desequilibrio y disonancia generados por nosotras mismas, por nuestras relaciones y por el mundo moderno; también necesitamos sanar el linaje femenino que se encuentra en nuestras células. Aunque no seamos conscientes de todos los niveles de sanación que nos aporta la Feminidad Sagrada, esta continúa trabajando en nuestra vida tras la sintonización.

Una terapia: un enfoque exclusivamente femenino

Cada vez que recibimos la sintonización de la Bendición del Útero, nos volvemos a conectar con la fortaleza, la creatividad y la sexualidad femeninas, sea cual sea nuestra edad. Desde este sentimiento de reconexión y plenitud, somos más capaces de soltar el pasado, liberarnos de los pensamientos limitadores y las conductas aprendidas, eliminar el estrés y regresar a la libertad de nuestra identidad verdadera. En consecuencia, comenzamos a **responder** a las situaciones de un modo distinto, a tomar decisiones novedosas y a descubrir **nuevas vías de acción**.

Un camino espiritual: danzar con la Feminidad Sagrada

Cada Bendición del Útero constituye una bella oración física que nos conecta más profundamente con la Feminidad Sagrada, envolviéndonos en su sanación y en su amor. Regresamos a Ella como sus hijas, recordando quiénes somos y abriéndonos a niveles profundos de orientación, visión profunda y paz. En cada Bendición depositamos nuestra confianza en la Feminidad Sagrada y permitimos que modifique nuestro camino y el modo en que nos movemos por él.

Un camino de autodesarrollo: el regreso a nuestra autenticidad

La sintonización de la Bendición del Útero cambia nuestros niveles de energía y modifica el patrón de nuestro pensamiento, de nuestra conciencia y de nuestra percepción. La Bendición nos capacita para pensar, vivir y actuar de formas nuevas y emocionantes en sintonía con nuestras energías femeninas.

Un rito de paso cotidiano:
dejar atrás el pasado para abrazar el futuro

La presencia de la Feminidad Sagrada en la Bendición nos recuerda que no estamos solas, que Ella viaja con nosotras en la vida y que, por mucho que las cosas se pongan complicadas, «todo está bien». Recibir la Bendición nos ayuda a soltar más el pasado, aceptar el presente y avanzar hacia el futuro con gozo, amor, fortaleza y confianza.

Un rito de paso que nos cambia la vida:
aceptar y celebrar las etapas de nuestra vida

La Bendición del Útero constituye una forma maravillosa y amorosa de reconocer la transformación de la vida. Es una bella manera de arropar a una chica joven en su tránsito a la edad adulta y un medio que nos permite asumir la transformación mágica de la menopausia y la maternidad. También es una forma hermosa y fortalecedora de reconocer y aceptar la vida ante la pérdida, el dolor y los cambios que representan un desafío.

¿Qué papel tienen los hombres en la Bendición del Útero?

En el mundo occidental moderno, en el que se promueven los valores de igualdad, es fácil confundir la igualdad con ser una misma cosa. Los hombres no poseen la misma estructura energética de las mujeres. Ellos no tienen las energías del ciclo menstrual ni las capacidades perceptivas cíclicas propias de las mujeres; tampoco pueden encarnar los cuatro arquetipos femeninos ni fusionarlos con su conciencia en sus años de madurez, ni poseen una estructura energética que permita albergar las energías de dos almas dentro de sus cuerpos. Los hombres tienen energías arquetípicas diferentes: se conectan con lo divino de formas diferentes, y su percepción del mundo y su expresión creativa no son las mismas que las de las mujeres porque aplican criterios característicos del cuerpo masculino.

Un gran número de mujeres se formulan la siguiente pregunta: «¿Cómo podemos hacer que los hombres comprendan nuestra naturaleza femenina y cambien de modo que puedan aceptarla tanto en las relaciones como en el entorno laboral?».

El papel de las mujeres no es cambiar a los hombres, así como el de los hombres no es cambiar a las mujeres. Nuestro papel consiste en facilitar y apoyar los cambios en la conciencia y expresión de las energías del sexo opuesto, mientras despiertan a su estado auténtico. A medida que las mujeres comencemos a despertar, y a aceptar y expresar nuestra feminidad auténtica, nuestras energías femeninas ejercerán un efecto en nuestras parejas, nuestras familias, nuestros compañeros de trabajo y nuestra sociedad. Sean o no conscientes de nuestra transformación, responderán a nuestro cambio energético o nueva forma de actuar.

El maravilloso presente que otorgamos a los hombres
consiste en que a medida que vamos siendo
más auténticamente femeninas les dejamos espacio
para ser más auténticamente masculinos.

Si bien el mundo moderno occidental es predominantemente masculino, no es auténticamente masculino. Está basado en patrones primitivos de miedo, de «carencia y ataque»

que buscan preservar el estatus y la supervivencia. Los hombres también necesitan ser libres para explorar lo que significa ser auténticamente masculinos, ¡y esto no implica que las mujeres les digan quiénes deberían ser o cómo deberían actuar! Los hombres han de trabajar con su cuerpo, sus hormonas, sus percepciones y sus ciclos energéticos. Nosotras no podemos hacerlo por ellos *porque ambos sexos tienen características diferentes*.

La mujer despierta puede, sin embargo, ofrecer a los hombres el regalo de una experiencia más amplia de la feminidad y del sexo. Al comprender las energías transformadas de su pareja y alinearse con ellas, el hombre profundiza su relación con ella, amplía su comprensión y experiencia de la feminidad e intensifica su conciencia de la masculinidad en respuesta a la naturaleza cíclica auténtica de ella, o bien a las energías femeninas fusionadas de la posmenopausia. Los ciclos de su pareja se convierten para él en un viaje físico de exploración interior mientras ella experimenta y expresa su naturaleza cíclica, y lo empodera para conectar con sus propios niveles de ser. La transformación de su pareja en una Mujer Completa en la posmenopausia le proporciona una experiencia única, no solo de interaccionar con la plenitud de la feminidad encarnada en ella, sino también de darse cuenta de cómo su propia masculinidad cambia y responde ante los efectos del poder, la magia, la belleza y la sabiduría de la Mujer Completa.

Los hombres que respaldan la Bendición

En la Bendición del Útero contamos con un creciente número de hombres que nos brindan apoyo con diferentes niveles de implicación. Estos hombres sienten en su corazón la llamada a apoyar a las mujeres que forman parte de sus vidas en su sanación y despertar; es hermoso ver tanto amor por parte de estos hombres. Se trata de parejas, familiares y amigos, hombres que desean ver a las mujeres despertar a su naturaleza auténtica y que también desean descubrir y explorar el maravilloso viaje de vivir con estas mujeres y amarlas en todas sus expresiones. La expresión femenina de los cuatro arquetipos proporciona a los hombres con inclinaciones espirituales una relación personal interactiva con la Feminidad Sagrada, la cual les guía a través del cuerpo femenino hacia la comprensión de su propia expresión de la Masculinidad Sagrada.

La Bendición Mundial del Útero es orgánica en su crecimiento y desarrollo; en este sentido, la «Meditación para Hombres» utilizada en la Bendición Mundial del Útero en la actualidad es una respuesta a las peticiones realizadas, tanto por hombres como por mujeres, de que los hombres puedan participar activamente, mientras sus parejas o grupos reciben la energía de la Bendición.

Los hombres también pueden recibir una transmisión energética personal de la Feminidad Sagrada denominada «El Regalo» por parte de Moon Mothers formadas en la técnica. La estructura de las activaciones y transmisiones energéticas ha sido guiada por hombres y está destinada a hombres y chicos que deseen conectar con la Feminidad Sagrada y sentir la validez que proporciona a su masculinidad auténtica. También constituye una puerta de acceso para la exploración de su propia relación con la Feminidad Sagrada y está disponible a distancia durante los días en que tiene lugar la Bendición Mundial del Útero. Consulta la página web para conocer más detalles.

Sabiduría ancestral para el mundo moderno

En el pasado, numerosas tradiciones y culturas consideraban que todas las cosas eran expresiones de la Feminidad Sagrada y que el principio masculino tenía su origen en el femenino. Así como los mares y las estrellas son el cuerpo y la expresión del ser y el amor de la Feminidad Sagrada, lo masculino es también expresión suya. Para aquellas de nosotras que, debido a la educación y las experiencias de la vida, somos incapaces de abrirnos, confiar y permitirnos mostrarnos vulnerables antes las energías masculinas, tal vez nos resulte complicado experimentar la sexualidad sagrada que puede expresarse con una pareja masculina. También podemos tener dificultad en confiar en la masculinidad divina si hemos sido educadas en una religión que reprime la naturaleza femenina. Saber que la Masculinidad Sagrada es una expresión de la Feminidad Sagrada es quizás el comienzo de un proceso de sanación.

Ejercicio: Conocer la Masculinidad Sagrada

En la mitología y los cuentos tradicionales el principio masculino es representado como el hijo de la Madre de múltiples formas: como el amante, el padre/rey, el guardián y el sabio. Así como los arquetipos femeninos pueden estar simbolizados por animales en estas historias, lo mismo sucede con las energías de la Masculinidad Sagrada.

Si bien en esta meditación para mujeres —basada en la Meditación de la Guardiana presentada en *Luna roja*— vamos a utilizar la imagen de un ciervo blanco, puedes usar la imagen de un unicornio blanco o un caballo blanco si resuenas más con estos animales.

Siéntate en una posición cómoda.

Realiza una respiración profunda y toma conciencia del cuerpo. Siente tu peso sobre el cojín o la silla; toma conciencia de él.

Imagina, percibe o siente que ante tus ojos se yergue el árbol más bello. Su tronco se divide en dos ramas principales repletas de hojas verde oscuro, florecillas blancas y frutos rojos y brillantes. Sabes que se trata del Árbol del Útero.

El árbol está rodeado de un estanque poco profundo y sus raíces se adentran en las cristalinas aguas.

El árbol se alza en un hermoso paisaje estival repleto de flores y plantas, así como de pájaros y otros animales. La tierra está bañada de luz dorada que acaricia y calienta.

Mientras observas la escena, del tronco del Árbol del Útero sale un bello ciervo blanco que se detiene frente a él. Tiene un pelaje blanquísimo y resplandeciente, y se distinguen nueve puntos en su gran cornamenta.

Sientes la llamada de su magia en el corazón y pausadamente penetras en el estanque y caminas hacia su belleza.

Suavemente, maravillada, alzas la mano para acariciarle la nariz, y ves sus ojos oscuros llenos de estrellas. Su dulce respiración desprende el perfume del verano.

Lo abrazas por el cuello, sintiendo su amor y fortaleza masculina en la calidez y musculatura de su cuerpo. Todas las heridas y todo el dolor que has cargado referidos a lo masculino desaparecen en su amor y te relajas por completo en ese abrazo. Te sientes plenamente aceptada, plenamente amada, segura y protegida. Siente cómo tus lágrimas se llevan tus heridas y las heridas de tu linaje femenino y las conducen hacia el estanque para ser purificadas por la Madre Tierra.

Cuando estés lista, aléjate del ciervo blanco y ábrele tu corazón. Ábrete para aceptar la Masculinidad Sagrada en la belleza de la luna, y en la fuerza y energía vital de la tierra.

Dedica un momento a solicitarle orientación, ayuda o protección, y agradécele su amor.

Si lo deseas, puedes proseguir la meditación caminando a su lado a través del paisaje estival.

Para acabar, toma conciencia del centro del útero y del Árbol del Útero situado en la parte inferior del abdomen. Imagina, percibe o siente que las raíces de tu árbol se adentran en las profundidades de la tierra.

Respira hondo y abre los ojos.

CAPÍTULO 5

RECIBIR LAS BENDICIONES MUNDIALES DEL ÚTERO

La Primera Mujer se sentó preguntándose qué hacer; entonces miró a la Madre Luna y, viendo que su rostro iba creciendo, se dirigió al clan de las Liebres. Permaneció allí durante una semana y le enseñaron un gran número de habilidades.

Cuando la Madre Luna le mostró su rostro completo, la Primera Mujer se dirigió al clan de los Caballos y le enseñaron a cocinar y a crear un hogar para ella y otras criaturas.

Cuando el rostro de la Madre Luna comenzó a disminuir, la Primera Mujer se dirigió al clan de los Búhos, donde le enseñaron magia salvaje hasta que, finalmente, la Madre Luna le anunció que había llegado el momento de partir.

La Primera Mujer se quedó descansando en la cueva del clan de los Osos, sanando su pasado y observando el universo en el interior de su cuenco hasta que la Madre Luna surgió de nuevo en el firmamento y extendió la mano para que la Primera Mujer la siguiera hacia la luz.

Los días de la Bendición Mundial del Útero

Las Bendiciones Mundiales del Útero tienen lugar durante cinco lunas llenas al año; participar en cada Bendición es transitar una senda de despertar femenino rodeada de una familia creativa y amorosa de mujeres afines.

La llamada del corazón me ha impulsado a efectuar armonizaciones de la Bendición del Útero a tantas mujeres del mundo como sea posible. Por esta razón, la Bendición del Útero se ofrece a cuatro horas distintas del día a fin de hacerla accesible a diferentes zonas horarias. Recibir la Bendición Mundial del Útero es gratis, y la administración y la organización del evento están respaldadas por generosas donaciones y maravillosas voluntarias, especialmente las numerosas traductoras que hacen posible presentar la información y las meditaciones en cada vez más idiomas.

**La Bendición Mundial del Útero
no pertenece a ninguna tradición ni religión específica.**

La Feminidad Sagrada nos pide que establezcamos una relación individual con Ella, acorde a nuestros deseos, educación, experiencia, cultura e intereses, y que esté basada en la conciencia personal de sus energías. Para dirigirnos a Ella, utilizamos las palabras, las imágenes y los nombres que resuenan en nuestro corazón. La Bendición reúne tanto a mujeres de diferentes religiones como a mujeres que no pertenecen a ninguna, y todas ellas viven su propia experiencia de la feminidad auténtica a través de las sintonizaciones de la Bendición Mundial del Útero.

Los días escogidos para la Bendición Mundial del Útero son estacionales y reflejan las energías de la Madre Tierra y su conexión con la energía del útero y las energías cíclicas de las mujeres. La Bendición del Útero se celebra un día de luna llena o cercano a esta, en el que la plenitud de la luz de la Feminidad Sagrada resplandece en el mundo. Nosotras las mujeres somos hijas tanto de la Madre Tierra como de la Madre Luna: portamos ambas energías en el interior del centro del útero y fluimos reflejando sus ciclos.

Puesto que la Bendición del Útero se inició en Gran Bretaña, en el hemisferio norte, las fechas escogidas coinciden con las de la luna llena de los meses de las principales festividades celtas:

Luna llena de febrero
Luna llena de mayo
Luna llena de agosto
Luna llena de octubre
Luna llena de diciembre

Los celtas vivían en estrecha relación con la tierra, honraban la Feminidad Sagrada y celebraban sus festividades de acuerdo con las estaciones: Imbolc, el 2 de febrero, el inicio de la primavera; Beltane, el 1 de mayo, el inicio del verano; Lammas, el 1 de agosto, el inicio del otoño; y Samhain, el 31 de octubre, el inicio del invierno. La quinta Bendición del Útero del año tiene lugar durante la luna llena más próxima al solsticio de invierno.

No obstante, **la Bendición del Útero *no* pertenece a ninguna cultura específica,** y existen un gran número de tradiciones que tienen diferentes nombres y asociaciones para la luna llena de los meses en los que se celebran las Bendiciones del Útero: por ejemplo, la luna de mayo también se conoce como la «Luna de las Flores» o la «Luna del Dragón» en algunas culturas del norte.

En la vida moderna solemos vivir desconectadas de los ritmos de la naturaleza. Al tomar conciencia del ciclo de la tierra que habitamos y expresarlo, nos volvemos más conscientes de la conexión personal que tenemos con los ciclos del universo a través del cuerpo femenino.

Para el hemisferio sur el calendario estacional se invierte y la luna llena de los meses en los que se celebran las Bendiciones del Útero expresan los aspectos opuestos de la Feminidad Sagrada.

Ejercicio: Convierte la próxima Bendición Mundial del Útero en una celebración estacional

No todo el mundo vive en un clima templado con cuatro estaciones. Cuando se aproxime una Bendición del Útero, percátate de la estación en la que te encuentres, el tiempo que hace, el desarrollo de las plantas y cómo te sientes.

- Pon nombre a la luna llena correspondiente a cada Bendición, ya proceda de tu tradición cultural o de tu observación de la naturaleza.

- Tal vez desees crear un pequeño altar para la Bendición del Útero que exprese las energías de cada estación, las imágenes femeninas y animales que asocias a ella y los sentimientos que te suscita.

- **Si diriges un grupo de la Bendición Mundial del Útero**, pide a las integrantes que lleven algo que exprese las energías de la estación para colocar en el centro de la habitación o el espacio donde os encontréis, así como alimentos propios de la época o de temporada. Decora la habitación con colores, plantas y flores característicos de la estación.

COMPARTIR LA FEMINIDAD SAGRADA CON OTRAS MUJERES

Numerosas mujeres se esfuerzan por sentir una plenitud espiritual o encontrar un propósito en sus vidas, pero cuando conectamos con la Feminidad Sagrada sentimos su voz en nuestro corazón llamándonos a la acción para ayudar a otras mujeres. También nos insta a sanar la tierra que habitamos y a despertarla de nuevo, de modo que las energías de la Feminidad Sagrada envuelvan todo lo que allí viva.

El día en que tiene lugar la Bendición Mundial del Útero, las participantes se conectan a través del centro del útero para crear una red de energía de la Feminidad Sagrada alrededor del mundo. Tras recibir la Bendición, las mujeres tienen la oportunidad de usar esta red de interconexión con la Meditación para Compartir para enviar el amor y la luz de la Feminidad Sagrada a todas las mujeres del mundo. Al estar conectadas todas las participantes, no solo damos; también recibidos.

Gracias a la tecnología moderna, las mujeres que pertenecen a la familia de la Bendición del Útero pueden vivir en lugares remotos e igualmente sentir que no están solas con su despertar o con su exploración y expresión de las energías femeninas. La Meditación para Compartir nos ayuda a sentir esta conexión y sensación de pertenecer y apoyar a una familia mundial.

Cambiar el mundo paso a paso

Cada mujer que participa en la Bendición Mundial del Útero desempeña un papel activo en el despertar de la energía femenina auténtica en el corazón, la mente y el útero de las mujeres, así como en la transformación del mundo. A medida que crece el número de participantes, también va aumentando la energía que se comparte, lo cual crea una sanación más profunda, un despertar más rápido y una profundización de la conexión consciente con la Feminidad Sagrada.

**Hemos comprobado que
a medida que crece el número de participantes
de las Bendiciones Mundiales del Útero, más elevada
es la vibración de la energía que se comparte,
y más profundos son los efectos.**

Incluso si solo podemos tomar parte unos minutos en la Meditación de la Bendición del Útero y en la Meditación para Compartir, no solo recibimos la energía de la Feminidad Sagrada en nuestro cuerpo y en nuestra vida, sino que además influimos en las vidas de un gran número de mujeres alrededor del mundo.

Nosotras las mujeres hemos estado tan limitadas durante tanto tiempo que en la actualidad sentimos una fuerte llamada interior que nos impulsa a ser comadronas en el nacimiento de un nuevo mundo donde seamos hombres y mujeres auténticos de forma individual y vivamos con armonía y respeto.

Ejercicio: Regístrate en la siguiente Bendición Mundial del Útero

Si deseas inscribirte para participar en la próxima Bendición Mundial del Útero, entra en www.wombblessing.com y haz clic en «Cómo registrarse y resolver los problemas».

Deberás facilitar tu nombre, tu dirección de correo electrónico, tu país y el idioma en el que prefieres comunicarte. Asimismo, deberás escoger una de las cuatro horas del día disponibles para recibir la energía de la Bendición. Ten en cuenta que se trata de horas aplicables a Reino Unido y deberás averiguar la hora correspondiente en tu zona horaria.

La información facilitada proporciona un punto de enfoque para enviarte la sintonización y permite que puedas ser avisada cuando vaya a celebrarse el siguiente día de la Bendición Mundial del Útero.

Aunque vayas a participar en grupo, es necesario que te registres individualmente y escojas la hora en la que se reunirá tu grupo para recibir la Bendición.

Deberás registrarte por separado en cada Bendición Mundial del Útero en la que decidas participar.

El día de la Bendición del Útero: cómo tomar parte

Para recibir la Bendición Mundial del Útero solo necesitas:

1. Inscribirte en una de las cuatro horas disponibles para recibir la sintonización de la Bendición del Útero.
2. Descargar las instrucciones que te explican qué debes hacer ese día. Los archivos están disponibles en la página web en una gran variedad de idiomas.
3. Descargar las Meditaciones de los Arquetipos opcionales. En el siguiente capítulo las exploraremos con más detalle.
4. Reunir los objetos necesarios, enumerados abajo.
5. Sentarte en una posición cómoda a la hora elegida, leer la Meditación de la Bendición del Útero y relajarte para

recibir la Bendición. Después de 20 minutos, si lo deseas, puedes llevar a cabo la Meditación para Compartir y el resto de meditaciones opcionales.
6. Terminar la sintonización comiendo y bebiendo algo delicioso para celebrarlo.

La Bendición Mundial del Útero puede recibirse en cualquier sitio: en una habitación, en una oficina, sola o acompañada, en un parque, en la playa, en la naturaleza o en un espacio público. Después de la primera Bendición Mundial del Útero, comenzaron a formarse grupos regulares de manera espontánea para compartir la energía. Así pues, sigue tu corazón y tu intuición para crear tu propio grupo. Unos son pequeños, otros privados, y algunos se convierten en grandes actos públicos o tienen lugar *online* o en mundos virtuales. La Bendición Mundial del Útero está expandiéndose de forma femenina y orgánica, a través de la increíble pasión, inspiración y creatividad de las mujeres llamadas a participar.

¡Tu kit de la Bendición del Útero!

La Meditación de la Bendición del Útero dura aproximadamente 20 minutos y la Meditación para Compartir, entre 10 y 15 minutos. Estas dos meditaciones constituyen el núcleo de la Bendición Mundial del Útero y son las mismas en cada Bendición. Véase el apéndice para consultar la rueda del año.

Para tomar parte en la Bendición, necesitarás:

- **Dos «cuencos del útero» pequeños.** Han de ser aptos para agua y fuego. Pueden ser los típicos cuencos de cocina, como los que se usan para tomar cereales, o bien puede tratarse de cuencos especiales que utilices únicamente en estas ocasiones.

Un cuenco se llena de agua para representar las Aguas Vivas del Útero. Esta agua absorberá la energía de la Bendición del Útero y las participantes la beben al final de la meditación.

En el otro cuenco se coloca una vela de té encendida, para simbolizar la Luz de la Feminidad Sagrada que portamos en nuestro útero.

- **Una copia de la Meditación de la Bendición del Útero** y de la Meditación para Compartir, o bien una versión en audio previamente descargada.
- **Algo delicioso para comer y beber** después de la Bendición.
- **Una silla de respaldo recto,** o bien cojines sobre el suelo.
- **Un chal para ponerte.** El chal contribuye a la creación de un espacio sagrado alrededor de ti y promueve la interiorización.

Antes de la Bendición Mundial del Útero

- Busca por casa o compra dos cuencos para usarlos como cuencos del útero. Si tienes tiempo, trata de que los recipientes elegidos reflejen tus sentimientos acerca de tu útero, tu feminidad, las Bendiciones y la Feminidad Sagrada. Busca colores, diseños y formas que expresen tus sentimientos.
- Compra o confecciona un chal especial para ponértelo durante la Bendición del Útero. Tal vez desees escoger un color que refleje tus sentimientos acerca de la Feminidad Sagrada o uno que exprese la fase actual de tu ciclo menstrual.
- Prepara un repertorio musical para poner como música de fondo durante la meditación.
- Elige un perfume o aceite esencial para echarte que exprese tu fase del ciclo, o bien la estación del año en la que te encuentres.

- Selecciona algunos objetos para decorar la habitación o el altar, a fin de crear un espacio sagrado para la Bendición.
- Imprime las meditaciones que vas a usar, o bien descárgate los audios.
- Prepara una comida inspirada en la luna para comer tras la meditación.
- Tal vez desees practicar la meditación «Remover el Caldero», descrita en el capítulo 2, unos pocos días antes de la Bendición como preparación para ayudarte a conectar con el útero.

Durante la Bendición

Para comenzar:

- Siéntate en una posición cómoda con los cuencos del útero situados frente a ti.
- Vierte un poco de agua potable en el cuenco de la izquierda; a continuación, si no entraña ningún riesgo, enciende la vela de té y deposítala en el cuenco de la derecha.
- Ponte el chal.
- Ten a mano el texto de la meditación.

A la hora escogida:

1. Lee pausadamente la **Meditación de la Bendición del Útero**, dándote tiempo para visualizar o sentir cada paso.
2. Siéntate relajada y abierta para recibir la Bendición durante 20 minutos; de este modo, si te has apuntado a las 6:00, la Bendición durará hasta las 6:20.
3. Abre los ojos. Si deseas realizar las otras meditaciones después de la Bendición del Útero, sigue las indicaciones que aparecen en el correspondiente texto, disponible

para descargar de la web tras registrarte en www.wombblessing.com/es/.
4. Para terminar, mueve los dedos de las manos y los pies y realiza una respiración profunda. Bebe lentamente el agua del cuenco del útero, conectando con la energía que ha absorbido.
5. Muévete muy suavemente y tómate los alimentos y bebidas especiales que hayas preparado como una celebración de la presencia física de la Feminidad Sagrada.
6. La sintonización de la Bendición del Útero puede dar lugar a una pequeña desintoxicación; por esta razón, es conveniente que bebas más agua durante ese día y el siguiente.

Los días de la Bendición del Útero son sumamente especiales. Nos abrimos a la presencia de la Feminidad Sagrada y nos conectamos con miles de mujeres de todo el mundo, con objeto de despertar de nuevo Sus energías en la Tierra, así como en los corazones y las mentes de todas. Para unas será una experiencia física; para otras, visual o emocional, y habrá mujeres para quienes suponga una vivencia de paz y orientación profunda.

Es importante que nos tratemos con delicadeza durante el Día de la Bendición del Útero: hemos penetrado en un espacio sagrado y nos hemos sentado en la presencia de la Feminidad Sagrada durante un rato, y el regreso al ruido y la actividad diaria puede resultarnos un poco chocante.

> **Ejercicio: ¡Dirige tu propio grupo de la Bendición Mundial del Útero!**
>
> Cualquier mujer puede dirigir un grupo de la Bendición Mundial del Útero, ¡y cuanto más creativos y originales sean, mejor!
>
> Cuando recibimos la Bendición Mundial del Útero en grupo, podemos vivir una experiencia más profunda de las energías y sentirnos seguras y apoyadas en nuestro caminar por la Bendición del Útero.

Esté integrado por dos o por cien mujeres, el grupo potencia la energía.

Formar parte de un grupo de mujeres resuena con nuestro útero y nuestras energías femeninas; ha llegado el momento de retomar esta experiencia en el mundo moderno masculino, de modo que...

Comienza con unas pocas integrantes, especialmente si no has dirigido un grupo de mujeres con anterioridad.

Pídeles que lleven a una amiga.

Cuéntales que la Bendición del Útero es un viaje hacia el despertar y la sanación, y anímalas a participar en las cinco Bendiciones.

Recuérdales la fecha de la siguiente Bendición Mundial del Útero.

Indícales la hora exacta en la que deberán registrarse como miembros del grupo, y dónde han de hacerlo *online*.

Elabora una lista de verificación.

Confía en tu corazón y sé valiente.

Si bien **la Bendición Mundial del Útero es gratuita**, tal vez sea necesario pedir una pequeña aportación para pagar el local, la impresión de los textos, o bien comprar agua, alimentos o cualquier otra cosa necesaria para el evento.

PREGUNTAS FRECUENTES ACERCA DE LA BENDICIÓN MUNDIAL DEL ÚTERO

¿Qué se siente en la Bendición del Útero?

Todas somos únicas en la forma de experimentar nuestro cuerpo, nuestros ciclos y nuestra energía, así como en la relación con la Feminidad Sagrada. Algunas de nosotras tenemos una gran conciencia corporal y es posible que sintamos sensaciones físicas;

aquellas de nosotras con mayor sensibilidad emocional podemos experimentar sentimientos de amor, gozo, paz, expansión, enraizamiento o emociones profundas mientras nos desprendemos de los antiguos patrones; y las mujeres más enfocadas en la experiencia visual pueden «ver» colores, escenarios e imágenes.

Cada Bendición puede constituir una experiencia diferente, pues nuestras energías se transforman cada vez y nos volvemos más abiertas y conscientes de todos los niveles de nuestras energías femeninas.

Si bien la energía de la Bendición del Útero es constante, no cambia con la estación, la fase lunar o nuestra fase menstrual, *nuestra experiencia* de la Bendición del Útero puede cambiar con estos ciclos.

La Bendición nos pide que nos abramos a la Feminidad Sagrada y, en particular, que abramos nuestros úteros. Esto puede suponer un reto para algunas de nosotras. La zona inferior del abdomen puede estar afectada por las secuelas de algún trauma —físico, emocional o mental— y tal vez nos resistamos a relajarnos y abrir esta parte de nuestro cuerpo. A medida que recibimos más Bendiciones del Útero, descubrimos que vamos relajándonos y abriéndonos más fácilmente y comenzamos a sentirnos más cómodas con esta zona, lo que nos permite experimentar la Bendición más plenamente.

¿He de hacer algo en especial?

Para recibir la Bendición simplemente has de leer la Bendición del Útero a la hora en que te hayas registrado y relajarte para acoger el despertar. No es necesario que practiques ninguna técnica de respiración especial, mudras o posturas corporales; tampoco es necesario que visualices la meditación al detalle o uses la voluntad o la concentración para forzar el proceso. Nuestra intención y relajación son suficientes para recibir la energía.

¿Voy a cambiar? ¿Voy a curarme?

Cambiamos en el momento en que recibimos la energía de la Bendición, seamos conscientes o no de ello. La transformación subsiguiente a la Bendición del Útero puede ser espectacular, o bien gradual a lo largo de los meses o los años. La Bendición puede moldear quiénes somos, cómo nos sentimos, nuestras acciones y el modo en que vivimos e, igualmente, puede inspirarnos a dejar que esta nueva conciencia crezca en nuestras vidas.

No podemos predecir cómo nos afectará cada Bendición del Útero ni tampoco podemos dirigirla para sanar o cambiar algo específico. Podría ser que necesitemos sanar antes algo más importante de lo que no somos conscientes. La energía de la Bendición es el Amor de la Feminidad Sagrada y todos los cambios son creados por Ella para nuestro bien y en consonancia con el Amor Divino.

¿Puedo cambiar las palabras de las meditaciones?

Es importante utilizar las palabras de las meditaciones tal como están escritas, ya las leas en solitario o bien en grupo. La Meditación de la Bendición del Útero constituye un proceso energético específico para la estructura de la energía femenina y está diseñada para preparar a una mujer para recibir la sintonización de la Bendición del Útero. Si se cambia su expresión, tendrás una meditación agradable, pero no recibirás la sintonización transformadora de la Bendición del Útero.

Además, a medida que más y más mujeres del mundo utilizan las mismas palabras, la meditación va fortaleciéndose, con lo cual resulta más fácil y rápido —tanto para las principiantes como para las meditadoras con experiencia— conectar profundamente con la vibración de la energía de la Feminidad Sagrada de la Bendición del Útero.

¿Quién puede participar?

Tanto la Bendición del Útero mundial como la individual ofrecida por una Moon Mother están disponibles para todas las mujeres, con independencia de su edad.

Chicas jóvenes

Si bien las chicas jóvenes pueden participar en las meditaciones, para registrarse y recibir la Bendición del Útero deben haber tenido la primera menstruación.

Participar en la Bendición Mundial del Útero por primera vez es una forma magnífica de celebrar su paso a la edad adulta.

Mujeres con histerectomía

Las mujeres que no tengan útero pueden participar en la Bendición, ya que sí disponen de un centro energético del útero y encarnan igualmente los cuatro arquetipos femeninos.

Mujeres posmenopáusicas

Para las mujeres que atraviesan la perimenopausia y las que se hallan en la posmenopausia, la Bendición del Útero constituye una poderosa forma de conectar con las energías y los aspectos de los arquetipos, especialmente aquellos que han sido reprimidos o no han sido satisfechos en sus vidas, así como de entrar de forma delicada y elegante en la etapa de la Mujer Completa.

Mujeres embarazadas

Las mujeres embarazadas pueden recibir la sintonización de la Bendición Mundial del Útero. La energía se transfiere de un modo que permite al feto elegir si desean o no recibir la energía. Consulta con tu Moon Mother qué pautas debes seguir para recibir una Bendición Personal del Útero.

Identificación sexual

Cualquier persona que resuene con la Meditación de la Bendición del Útero, al margen de su orientación o identidad sexual, puede acceder a la sintonización de la Bendición del Útero, ya que la meditación es un método que te prepara para desenvolver el regalo de la sintonización de la Bendición del Útero.

Si sientes un cambio de energía o de conciencia en tu interior durante la Meditación de la Bendición del Útero, es la señal de que eres capaz de conectar energéticamente con la Bendición, y tal vez desees unirte a la próxima Bendición Mundial del Útero. Después, escucha tu corazón para saber si necesitas recibir una Bendición Personal del Útero.

Por el contrario, si no sientes ningún cambio de energía o de conciencia durante la Meditación de la Bendición del Útero, significa que en este momento la Bendición no es tu forma de conexión con la Feminidad Sagrada, y que tu camino es otro.

El mundo moderno tiene una visión sumamente limitada de la feminidad y la masculinidad. Depende de cada uno de nosotros descubrir qué significan estos conceptos y expresarnos libremente y sin restricciones.

Todas las meditaciones y actividades incluidas en el capítulo 9 que describen los arquetipos femeninos pueden ser utilizadas por cualquier persona que no tenga un útero o un ciclo menstrual, siguiendo los ciclos lunares o de las estaciones.

Los hombres

Algunos grupos de la Bendición Mundial del Útero incluyen hombres, y a algunas parejas les agrada participar juntos en la Bendición del Útero. Si bien la mayor parte de los hombres no pueden recibir la sintonización de la Bendición del Útero debido a su estructura energética, pueden tomar parte en las meditaciones para hombres y registrarse para recibir «El Regalo» el día de la Bendición del Útero.

¿Qué pasa si no puedo recibir la Bendición a la hora acordada?

La vida está llena de ocupaciones, de modo que no te preocupes. Puedes recibir la sintonización en cualquier momento **después** de la hora que hayas escogido, realizando la Meditación de la Bendición del Útero y sentándote relajada durante 20 minutos. Sin embargo, la experiencia no será tan poderosa ni tan profunda como cuando la recibes a la misma hora que las otras mujeres.

Después de la Bendición del Útero

La sintonización de la Bendición del Útero que recibes el Día de la Bendición inicia un proceso de «nacimiento» que te convierte en una mujer nueva. La energía de la Bendición comienza a trabajar a través de los cuatro arquetipos femeninos, en alineación con la fase del ciclo menstrual o la fase lunar, durante los meses siguientes.

Con este «nacimiento» eliminamos los antiguos patrones físicos, emocionales y mentales que ya no necesitamos para cada arquetipo específico. Por lo tanto, es importante que seamos más suaves con nosotras mismas a lo largo del mes; en este sentido, examinar los detalles expuestos en el capítulo 8 puede ayudarnos a entender el tipo de sanación y despertar que está teniendo lugar en estos arquetipos. Sentirse más emotiva, experimentar algunos dolores o incluso patrones de pensamientos o miedos antiguos constituyen buenas señales de que estamos limpiando y «alumbrando» una feminidad más auténtica. En ocasiones, es posible que necesitemos una ayuda extra con nuestro proceso de nacimiento o con nuestras energías cíclicas, y para estos casos las Moon Mothers nos ofrecen la amorosa y acogedora *Sanación del Útero-Restauración del Equilibrio Energético Femenino*.

También puede resultarte sumamente útil y gratificante hacer un seguimiento diario de tu estado energético anotando tus experiencias físicas, mentales, emocionales y espirituales durante el mes siguiente a la Bendición del Útero. En un mundo tan ajetreado, tal vez no tengas mucho tiempo de anotar tus experiencias; en ese caso, la técnica del «Diagrama Lunar» sugerida en *Luna roja* es una forma rápida de observar y disfrutar del despertar de las nuevas energías. También puede ser positivo prestar atención a tus fases durante ese mes, ya que en algunas mujeres la sintonización puede producir un ligero cambio en la orientación de su ciclo con respecto al ciclo lunar, y hacer que la menstruación se adelante o se atrase.

Es necesario que, tras la sintonización de la Bendición, comencemos a vivir alineadas con las fases de nuestro ciclo (o con las fases lunares, si no tenemos un ciclo) con pequeños detalles, a fin de anclar nuestras nuevas energías femeninas en la vida cotidiana. **Si no comenzamos a vivir en armonía con nuestros arquetipos femeninos y sus energías, simplemente volveremos** a separarnos de los maravillosos sentimientos de plenitud, empoderamiento y amor a una misma que nos aportan. «El Camino de la Bendición del Útero» esbozado en el capítulo 9 te enseña a vivir de acuerdo a los arquetipos femeninos internos; además, puedes explorar otras sugerencias de actividades relativas al trabajo y la consecución de objetivos en *Las 4 fases de la luna roja*, y otras propuestas relacionadas con la expresión creativa y espiritual en *Luna roja*.

EJERCICIO: APOYAR TU DESPERTAR

El día de la Bendición y el día siguiente:

- Sé suave contigo misma. Si es posible, trata de tener un día tranquilo en el que puedas descansar, meditar o pasear por la naturaleza. Eso te ayudará a continuar siendo consciente de la hermosa energía de la Feminidad Sagrada que fluye a través de ti. Permítete tener un día de recogimiento en el que puedas nutrir tu feminidad.
- Asegúrate de beber grandes cantidades de agua para contribuir a cualquier efecto depurador de la energía.
- Come con regularidad. Cuando experimentamos grandes cambios vibracionales, el cuerpo emplea su energía para integrarlos, y podemos sentir cansancio inmediatamente después, al cabo de unas horas o incluso al día siguiente. Es importante comer sano y descansar para dar al cuerpo la oportunidad de renovar sus energías.
- **Si estás en la fase premenstrual o menstrual cuando recibas la Bendición,** es importante que comas, bebas y duermas más. La fase premenstrual es una etapa de reducción natural de la energía física, de modo que es importante que apoyes a tu cuerpo haciendo menos y descansando más. Lo mismo es aplicable a la fase menstrual, la cual es una fase de restauración de energías y de descanso.
- Comienza a escribir un diario, o bien crea un Diagrama Lunar.

Durante la primera semana después del día de la Bendición:

- Sé suave con los que te rodean. Tu vibración está cambiando, y aunque no sean conscientes de ello, tus familiares y amigos percibirán esos cambios. Al igual que tú, ellos también necesitarán un tiempo para acostumbrarse a tu nueva energía y tal vez no esté de más tranquilizarlos.
- Dedica cinco minutos al día a practicar una autosanación utilizando la sencilla técnica detallada en los documentos proporcionados para la Bendición del Útero. Hacer esto apoyará la limpieza de los antiguos patrones y te ayudará a sentirte centrada, empoderada y amada cada día.
- Si necesitas compañía para este viaje, puedes unirte a uno de los muchos grupos de la Bendición del Útero de Internet, o bien contactar con una Moon Mother avanzada para una Mentoría.
- Si deseas recibir un apoyo energético extra, contacta con una Moon Mother para recibir una *Sanación del Útero-Restauración del Equilibrio Energético Femenino*.

Durante la segunda semana:

- Continúa el diario y practica una autosanación diaria.
- Lleva a cabo la **Meditación de la Bendición del Útero** dos o tres veces por semana entre 10 y 15 minutos. Estarás creando un refugio para las energías de la Feminidad Sagrada en el que puedas desprenderte del estrés y recargar las baterías femeninas.

Durante la tercera semana:

- Establece como prioridad en tu vida vivir en sintonía con tu ciclo de energías a través de pequeños detalles.
- Continúa practicando la autosanación y creando un Refugio Femenino por medio de la Meditación de la Bendición del Útero.
- Tal vez desees seleccionar un mensaje correspondiente a la fase por la que atravieses de mi libro *Mensajes espirituales para mujeres* para apoyarte en este proceso.

Durante la cuarta semana:

- Continúa practicando la autosanación y creando un Refugio Femenino para ti.
- Sigue profundizando y haz que la recepción de la Bendición del Útero forme parte de tu camino de desarrollo personal y espiritual en el amor. Contacta con una Moon Mother para recibir una sintonización personal de la Bendición del Útero.
- Si deseas trabajar más profundamente con tu naturaleza cíclica y despertar personal, contacta con una Moon Mother avanzada para solicitar una Mentoría de la Bendición del Útero.
- Por último, si sientes la llamada en tu corazón de ayudar a otras mujeres a sanarse y despertar ofreciendo la sintonización de la Bendición del Útero y compartiendo la Bendición Mundial del Útero, ¡conviértete en una Moon Mother!

Ejercicio: Meditación de autosanación

Puedes realizar esta meditación todos los días entre 5 y 10 minutos o incluso más, a fin de apoyar tu proceso de despertar y sanación.

Siéntate o túmbate en una posición cómoda con las manos sobre el útero.

Imagina una gran luna llena encima de ti que llena tu útero de una bella luz blanca y plateada.

Deja que la energía fluya a través de ti: tal vez la sientas en las manos y en el útero como una sensación física. Si bien no todas sentimos el fluir de la energía —cada una la experimenta de una forma única—, estará fluyendo igualmente.

¡Relájate y disfruta!

Para terminar, respira hondo, mueve los dedos de las manos y los pies y sonríe. Por último, agradece la sanación a la Feminidad Sagrada.

CAPÍTULO 6

LAS MEDITACIONES DE LA BENDICIÓN DEL ÚTERO: COMPRENDER Y COMPARTIR NUESTRA ESPIRITUALIDAD FEMENINA

La Primera Mujer estaba ocupada. Había creado muchas cosas usando los poderes de su cuenco. Tenía en casa un telar y una rueca, alrededor de la puerta se apilaban cestas repletas de cazuelas; en el exterior, el pan se hacía en el horno, y ella se hallaba sentada pelando guisantes en la huerta. Todo estaba bien.

Pero entonces llegó el Zorro.

El Zorro había visto cómo la Primera Mujer creaba belleza y maravillas, y estaba celoso, pues él también quería tener ese poder.

—Hola, Primera Mujer —saludó con una reverencia—. ¡Qué magnífica es tu hermosura y qué increíbles tus poderes! Pero —añadió tímidamente— he observado que no conservas ninguno de ellos durante mucho tiempo; por lo que parece, se van y te quedas sin ellos. ¿Cómo puedes vivir así?

La Primera Mujer sonrió.

—Como sé que siempre vuelven, simplemente los espero.

—¿Pero cómo lo sabes realmente? —inquirió el Zorro—. ¿Y si no vuelven? Te quedarías sin nada. Sin duda lo mejor es ser la misma todo el tiempo, ¡así sí podrías sentirte segura!

La Primera Mujer vaciló: la duda y la preocupación comenzaban a invadir su mente. El Zorro vio que estaba ganando.

—¡Los poderes hacen que tu vida sea tan difícil y negativa! Es aterrador no tener el control de ti misma, no saber cómo serás ni lo que podrás hacer. Estarías mejor sin ellos.

La Primera Mujer miró fijamente los objetos de su cinturón de poder.

—¿Cómo puedo librarme de ellos? —preguntó.

—¡Muy fácil! —respondió el Zorro—. Yo puedo ayudarte: solo tienes que dármelos. Sin la interrupción constante de tus poderes, podrás centrarte en ser la misma todo el tiempo y el cuenco dejará de tener poder sobre ti.

»El miedo de perder el control será suficiente para impedir que vuelvan —añadió sonriendo el Zorro.

La Primera Mujer sintió cómo se despertaba el temor en su interior. Tuvo miedo de no ejercer el control sobre su cuerpo ni sobre ella misma, y sintió culpa por no ser siempre buena en todo ni reaccionar o sentir siempre del mismo modo.

—El cuenco no es una buena fuente de poder —afirmó—. ¡Está impidiéndome ser y hacer lo que quiero!

—Exacto —asintió el Zorro, extendiendo la pezuña.

La Meditación de la Bendición del Útero: una profunda experiencia de la estructura energética femenina

La Meditación de la Bendición del Útero presentada a continuación es la meditación principal que, desde el primer día de la Bendición Mundial del Útero, ha sido compartida por todas las participantes alrededor del mundo.

Cierra los ojos y toma conciencia del cuerpo.

Siente el peso de tu cuerpo sobre el cojín y el peso de tus brazos sobre el regazo. Realiza una respiración profunda y siéntete centrada internamente.

Toma conciencia del útero; imagina, percibe o siente que el útero es como un árbol con dos ramas principales adornadas de hermosas hojas y frutos rojos y brillantes en los extremos.

Imagina o siente que las raíces del árbol crecen y se adentran profundamente en la oscuridad de la tierra, conectándote, anclándote y permitiéndote recibir energía dorada en el útero.

Siéntete enraizada y equilibrada.

(*Pausa*)

Ahora deja que la imagen de tu Árbol del Útero se agrande hasta que sus ramas se separen a la altura de tu corazón.

Al conectar con esta imagen, imagina o siente tu centro del corazón abierto y un flujo de energía que circula hacia abajo por los brazos hasta alcanzar las manos y los dedos.

(*Pausa*)

Siente la conexión de amor entre la tierra, tu útero y tu corazón.

(*Pausa*)

Manteniendo la atención en el corazón, mira hacia arriba e imagina o siente que las ramas del árbol continúan ascendiendo hasta acunar la luna llena por encima de tu cabeza. La belleza de la luna llena te baña en una pura luz blanca y plateada que te limpia el aura y la piel.

(*Pausa*)

Ábrete a recibir la luz de la luna. Deja que penetre por la coronilla y llene de luz tu cerebro.

Relájate un poco más y recibe esta luz en el corazón.

Relájate todavía un poco más, abre tu útero y deja que la energía llegue hasta él en una bendición.

La Meditación de la Bendición del Útero: el origen del Árbol del Útero

La Meditación de la Bendición del Útero está basada en la antigua imagen del **Árbol de la Luna** presente en las culturas primitivas y su asociación con las energías femeninas. Introduje por primera vez el Árbol del Útero como una imagen personal del Árbol de la Luna sagrado en el capítulo titulado «El despertar» en *Luna roja*.

«El despertar» es la historia de una niña llamada Eva y el sueño que tiene durante la primera noche de su primera menstruación. La historia de Eva resuena con los arquetipos y símbolos femeninos de nuestro interior y los ayuda a hacerse conscientes a fin de crear un lenguaje de palabras e imágenes que podamos usar para comprender nuestra naturaleza cíclica. El relato constituye una introducción a la naturaleza cíclica femenina.

En «El despertar», la Reina Luna acompaña a Eva en un viaje para conocer las diferentes mujeres y diosas que representan las energías de las distintas fases del ciclo menstrual.

De esta manera Eva conoció su Árbol del Útero por primera vez:

> «Llegaron hasta un claro; allí en el centro de una pequeña isla crecía un bellísimo árbol de tronco rosa que se dividía en dos ramas cargadas de frutos rojos. Era una imagen impactante: sus raíces caían a las aguas del estanque que lo rodeaba, y la luna llena —que parecía estar sentada en las ramas superiores— reflejaba su luz en aquel espejo azul.
> —Este es tu Árbol del Útero —dijo la Reina Luna mientras tocaba el vientre de Eva, justo debajo del ombligo.
> En respuesta a esa caricia, la niña sintió que su útero irradiaba calidez y vio que el Árbol también respondía, brillando de energía».

Ejercicio: Conoce tu Árbol del Útero

Esta meditación, basada en una visualización propuesta en *Luna roja*, te presenta a tu Árbol del Útero y permite la creación de una relación positiva e interactiva con tu útero y tu ciclo.

Siéntate en una posición cómoda, realiza una respiración profunda y relájate.

Imagina, percibe o siente que estás de pie rodeada por una bruma plateada.

A medida que se abre, vas penetrando en un claro iluminado por la luna.

En el centro hay un árbol inmenso que se eleva sobre un montículo, en medio de un estanque circular. El tronco es de color rosa argénteo y se divide en dos ramas, cada una de las cuales termina en un manojo de hojas y frutos rojos y brillantes. Por encima del árbol, la luna llena inunda la escena con su luz de plata.

Este es tu Árbol del Útero.

¿Cómo sientes tu Árbol del Útero? ¿Está bien, se siente amado, responde con entusiasmo a tu atención?

(Pausa)

El árbol parece resplandecer de energía y sientes una honda resonancia en la mente y en el útero.

(Pausa)

Caminas hacia la orilla del estanque. El agua está oscura y puedes ver que las raíces de tu Árbol del Útero desaparecen en las profundidades.

Al mirarla, contemplas tu propio reflejo y la luna danzando sobre tu cabeza, y te abres a los misterios del universo contenidos en esas aguas.

De forma intuitiva reconoces el nexo universal entre las mujeres y la luna, el útero y el ciclo lunar, y la conexión mágica entre el útero y la mente, y entre la mente y el útero.

De nuevo sientes una honda resonancia en la mente y en el útero.

> Permanece así un rato, sintiendo la conexión con tu Árbol del Útero.
>
> (Pausa)
>
> Cuando estés lista para partir, deja que la cálida bruma cubra de nuevo la escena y vuelve a tomar conciencia de tu cuerpo gradualmente.
>
> Realiza una respiración profunda, abre los ojos y reconoce la presencia de tu Árbol del Útero en la zona inferior del abdomen.

Con el paso de los años, la imagen del Árbol del Útero y la meditación «El Útero Mágico» descrita en el capítulo 2 evolucionaron hacia diversas meditaciones que proporcionaron el trabajo energético, la inspiración y la experiencia necesarios para crear la actual Meditación de la Bendición del Útero. La Meditación de la Bendición del Útero es una experiencia de amor, reconocimiento, toma de conciencia y gozo, así como una forma de abrir nuestra estructura energética femenina única a la Feminidad Sagrada y decir: «**Estoy lista para recibir tu energía y tu presencia en mi vida**».

Si bien la Meditación de la Bendición del Útero puede utilizarse en cualquier momento como una meditación personal, representa un papel fundamental en la Bendición del Útero: **es el método con el que las mujeres nos abrimos a la Feminidad Sagrada para recibir la sintonización**. La Bendición del Útero es como un paquete, y la meditación es el modo en que lo recibimos y lo desenvolvemos para poder aceptar la transformación que nos brinda en nuestro cuerpo y en nuestra vida.

Una sintonización del Útero se divide en dos partes fundamentales:

1. **La Meditación de la Bendición del Útero** que nos conecta con la Feminidad Sagrada a través de la estructura

energética de nuestro cuerpo y nos abre para recibir la conexión.
2. **La transmisión de una vibración específica del amor y la luz de la Feminidad Sagrada**, a través de la técnica de la sintonización de la Bendición del Útero.

En todas las sintonizaciones de la Bendición del Útero, ya sean mundiales o personales de la mano de una Moon Mother, las palabras de la meditación deben leerse **exactamente tal como están escritas**. Al margen del idioma, todas las mujeres del mundo utilizan la misma Meditación de la Bendición del Útero para conectarse con la Feminidad Sagrada y abrirse a recibir el don de la energía de la Bendición del Útero. Cuantas más mujeres usen esta meditación, mayor será la vibración de las palabras y la expansión de la energía en el mundo.

Arraigadas en la tierra: las raíces del Árbol del Útero

La Meditación de la Bendición del Útero es más que una simple visualización; tras ella subyace una profunda experiencia espiritual de la estructura energética femenina.

La mayor parte de los caminos espirituales, religiones o filosofías están fuertemente influenciados por el pensamiento y la experiencia masculina. Tienden a ser de naturaleza «trascendente», y ofrecen una vía de escape del mundo material hacia el mundo del espíritu, la Luz o un estado de ser no material más elevado. Los métodos que nos enseñan para conseguirlo suelen surgir de experiencias masculinas que se generalizan como un camino disponible tanto para hombres como para mujeres.

Sin embargo, la vía de la trascendencia no es el enfoque espiritual natural para un gran número de mujeres. Nuestra espiritualidad esencial está relacionada con la pertenencia a la tierra y con ser Portadoras de la Luz. Para nosotras, el mundo físico es, de forma intuitiva, el cuerpo de la Divinidad Femenina, con independencia de la forma que adopte, y es intrínsecamente sagrado. Nuestro camino espiritual natural consiste en abrazar la Divinidad en el mundo físico que nos rodea y en nuestros cuerpos, abrirnos a su espíritu o su Luz y llevarla al mundo. Nuestro camino no consiste en rechazar el mundo o escapar de él, sino en amarlo, aceptarlo y abrazarlo.

Nuestro camino espiritual no consiste en escapar, sino en abrazar el mundo.

Para ser Portadoras de la Luz —vasijas conscientes de las energías de la Feminidad Sagrada— necesitamos conectar profundamente con la Feminidad Sagrada en su expresión física y sus energías de vida. En la Meditación del Árbol del Útero hacemos esto al imaginar o sentir que de nuestro útero y centro energético del útero crecen «raíces» que se adentran en las profundidades de la tierra. Nuestras raíces crecen de forma natural desde el útero, descendiendo por entre los muslos y los pies hasta llegar a la tierra.

Ahora dedica un momento a hacer lo siguiente:

Cierra los ojos y respira hondo.

Imagina, percibe o siente que el útero es como un árbol con dos ramas principales adornadas con hermosas hojas y frutos rojos y brillantes en los extremos.

Imagina o siente que las raíces del árbol crecen y se adentran profundamente en la oscuridad de la tierra, conectándote, anclándote y permitiéndote recibir energía dorada en el útero.

Relájate y mantén esta imagen o esta intención en la mente.

Fíjate en cómo te sientes.

Cuando extendemos conscientemente las raíces del Árbol del Útero para conectarnos con la Madre Tierra, sucede algo maravilloso. La Madre Tierra responde a nuestra atención y su energía asciende naturalmente a través de las raíces del árbol hasta nuestro centro del útero. No importa si somos o no conscientes de este flujo energético: ocurre de forma automática. Se trata de la energía de la fortaleza y la vida, de la sensualidad y la conexión con el mundo manifestado; es plenitud y totalidad. Energiza nuestro centro del útero e impulsa el regreso del alma femenina.

¿Cómo te sientes ahora, mientras permaneces sentada y relajada con el centro del útero conectado con la Madre Tierra?

Algo más sucede cuando conectamos el centro del útero con la Madre Tierra. Mientras su energía fluye hacia nuestro útero y lo colma, la energía sigue fluyendo hacia arriba de forma natural para abrir y llenar el centro del corazón; a continuación, fluye de este centro hacia nuestros pechos y desciende por los brazos hasta las manos. Este flujo de energía tiene lugar seamos conscientes o no de él.

En la Meditación de la Bendición del Útero simplemente seguimos este flujo de energía al imaginar o tener la intención de que nuestro Árbol del Útero crezca hacia arriba hasta el centro del corazón.

Ahora deja que la imagen de tu Árbol del Útero se agrande hasta que sus ramas se separen a la altura de tu corazón.

Al conectar con esta imagen, imagina o siente tu centro del corazón abierto y un flujo de energía que circula hacia abajo por los brazos hasta alcanzar las manos y los dedos.

¿Cómo te sientes?

Podemos usar esta primera parte de la meditación por la mañana como una forma maravillosa de enraizarnos en nuestras energías femeninas, para sentirnos fuertes y centradas y para salir al mundo empoderadas y amorosas. Cuando el centro del útero está conectado a la tierra y cargado de energía, podemos reconocer que nuestras vidas y nuestro ser constituyen un continuo ciclo de estaciones cambiantes y rendirnos a esta transformación con gracia y confianza.

Abrazar la luna: las ramas del Árbol del Útero

En la segunda mitad de la meditación, nos centramos en el centro del corazón. Aunque podríamos ascender hacia la luna, caminar hacia la luz es el camino trascendental masculino; en lugar de eso, nos abrimos a la luz de la luna y permitimos que fluya en y a través de nosotras y se extienda al mundo. Se trata de la senda femenina de la inmanencia, el camino de estar en presencia de la Divinidad en el momento presente y en el mundo. **Es el camino de ser la «Luna en la Tierra».**

Manteniendo la atención en el corazón, mira hacia arriba e imagina o siente que las ramas del árbol continúan ascendiendo hasta acunar la luna llena por encima de tu cabeza. La belleza de la luna llena te baña en una pura luz blanca y plateada que te limpia el aura y la piel.

(*Pausa*)

Ábrete a recibir la luz de la luna. Deja que penetre por la coronilla y llene de luz tu cerebro.

Relájate un poco más y recibe esta luz en el corazón.

Relájate todavía un poco más, abre tu útero y deja que la energía llegue hasta él en una bendición.

El hecho de que no puedas visualizar este proceso con facilidad ni sientas nada físicamente no quiere decir que la energía no esté fluyendo. La Feminidad Sagrada responderá a tu intención, y es posible que experimentes el flujo energético de otras maneras como a través de los sentimientos y las emociones, o bien con una sensación de paz, amor y tranquilidad.

En la Meditación del Árbol del Útero nos conectamos a la Madre Tierra para convertirnos en mujeres empoderadas, y nos sentimos fuertes en nuestros cuerpos, nuestra feminidad, nuestra sacralidad y nuestra identidad. Una vez nos hemos centrado en nuestras energías femeninas, somos capaces de abrirnos sin miedo ni limitaciones para dejar que la Feminidad Sagrada nos colme. Es maravilloso practicar esta meditación completa al atardecer.

Para terminar, vuelve a situar el Árbol del Útero en la zona inferior del abdomen, siendo consciente de su enraizamiento en la tierra.

La Meditación para Compartir:
compartir la luz y el amor de la Feminidad Sagrada

Cuando nuestros corazones se abren, surge de forma natural el deseo de compartir.

En la Bendición Mundial del Útero existe una segunda meditación denominada **Meditación para Compartir**, diseñada para llevarse a cabo tras haber recibido la sintonización. Con la Bendición Mundial del Útero nos conectamos por medio de una red de energía que une a todas las participantes, a través del útero, el corazón y la conciencia. Nos convertimos en una poderosa red de energía y sacralidad femeninas. Sentir la conexión de tantas mujeres que nos mandan la luz y el amor de la Feminidad Sagrada puede constituir una hermosa experiencia; incluso aunque estemos solas físicamente en nuestro despertar, sabemos que formamos parte de una maravillosa familia femenina mundial en los planos energético y emocional.

La Meditación para Compartir también se centra en enviar la energía de la Feminidad Sagrada al mundo, así como en enraizar esa energía en la tierra en la que vivimos. Cuando la tierra despierta a la vibración de la Feminidad Sagrada, esta envuelve en sus amorosos brazos a todos sus moradores y sus vidas también se transforman, pues el amor comienza a formar parte de su vibración.

Al igual que la Meditación de la Bendición del Útero, la Meditación para Compartir descrita a continuación puede practicarse todos los días y nos proporciona un modo de contribuir a la sanación y el despertar de las mujeres, al compartir el amor y la bella presencia de la Feminidad Sagrada. Sin embargo, cuando esta meditación se utiliza el día de la Bendición Mundial del Útero se vuelve más poderosa, debido a la conexión de miles de participantes a la vez.

Sé consciente de la presencia de la luna encima de tu cabeza y deja que su energía te bañe con su luz. Siéntela en la cabeza, en el corazón y descendiendo por los brazos y las manos.

(*Pausa*)

Deja que la energía fluya del corazón y las manos hacia el mundo.

Siente cómo fluye hacia otras tierras llevando la vibración de la Feminidad Sagrada.

Siéntela sanando, amando, aliviando y nutriendo al mundo entero.

(*Pausa*)

Siente la presencia de todas las mujeres del mundo que están conectadas con esta energía en este momento. Envíales energía y recíbela de ellas con amor, en comunión, compartiendo.

(*Pausa*)

Ahora deja que la energía de la luna fluya de la cabeza hasta el corazón, descienda al útero e impregne la tierra que habitas.

Deja que la energía despierte y sane la sacralidad de la Tierra y la Feminidad Sagrada en la Tierra.

(*Pausa*)

Toma consciencia del cuerpo de nuevo.

Siente tu peso sobre la silla o el cojín, y mueve suavemente los dedos de las manos y los pies. Realiza una respiración profunda y abre los ojos.

La Meditación de la Luna Llena de la Madre Luna

La Bendición Mundial del Útero puede compararse a tocar suavemente un cuenco tibetano para crear una nota y después seguir frotando con el mazo alrededor del borde para continuar produciendo ese sonido. Cada Bendición Mundial del Útero es como tocar el cuenco y crear una vibración particular de la Feminidad Sagrada en el mundo (la energía de la Bendición del Útero). La **Meditación de la Luna Llena de la Madre Luna** se lleva a cabo durante las lunas llenas *entre* una Bendición y otra, a fin de continuar tocando la nota del sonido de la Feminidad Sagrada en el mundo.

Como parte de su servicio a las mujeres, las Moon Mothers envían la vibración de la energía de la Feminidad Sagrada de la Bendición del Útero a todas las mujeres del mundo durante los tres días de la luna llena. Envían energía a todos los aspectos de la feminidad, a la tierra, y a todas las mujeres que sufren. No se trata de una armonización transformadora, sino de un compartir sincero de sanación y amor.

Aunque el envío de esta energía es una actividad específica de las Moon Mothers, cualquier mujer puede usar la Meditación de la Bendición del Útero el día de luna llena, o bien el día anterior o posterior a este, con objeto de conectar con la vibración de la energía de la Feminidad Sagrada mientras envuelve a la tierra con su canción.

Ejercicio: Recibir el don de energía de las Moon Mothers

Puedes recibir el don de energía de la Feminidad Sagrada de las Moon Mothers a cualquier hora del día y tantas veces como desees, durante los **tres días de la luna llena:** el día de luna llena y el día anterior y posterior a este.

Tal vez desees seleccionar un repertorio musical y usar un poco de incienso y algún perfume que te parezcan especialmente apropiados para la luna llena.

1. Siéntate en una posición cómoda con tus cuencos del útero cerca de ti. Coloca una vela encendida en uno de ellos, y llena el otro con agua potable.
2. Ponte el chal alrededor de los hombros con el fin de crear un espacio femenino sagrado y ayudarte a la interiorización.
3. Lee o escucha la Meditación de la Bendición del Útero.
4. Mantente relajada y ábrete a recibir la bella vibración de la Feminidad Sagrada de la energía de la Bendición que está cantando en el mundo.
5. Cuando estés lista para terminar, realiza una respiración profunda, mueve los dedos de las manos y los pies y abre los ojos.
6. Expresa tu agradecimiento a la Feminidad Sagrada y a las Moon Mothers que envían la energía. Bébete el agua del cuenco y después come algo.

CAPÍTULO 7

LOS ARQUETIPOS FEMENINOS Y LA BENDICIÓN DEL ÚTERO

Al principio, la Primera Mujer se sentía bien por haber entregado sus poderes al Zorro: se sentía equilibrada, constante y predecible. Ya no escuchaba las voces de los Primeros Animales ni se encontraba con la Madre Tierra cuando cocinaba o limpiaba. Tampoco visitaba los clanes de los animales ni hablaba con la Madre Luna.

Con el transcurso de los meses, el cuenco vacío se movió en el interior de su abdomen, dolorido, y lanzó una llamada de auxilio a la Madre Luna. Enfadada, la Primera Mujer apretó una tela alrededor del vientre y las caderas para no escuchar sus gritos, y después de un rato estos dejaron de oírse.

La Primera Mujer se sentó en silencio y supo que estaba perdida. El grito había sido la última señal para regresar a casa.

Transitar la senda del desarrollo femenino

Recibir la energía de la Feminidad Sagrada en la sintonización de la Bendición del Útero inicia un proceso que despierta aspectos de nuestros arquetipos femeninos y nos conecta más plenamente con las energías asociadas a estos.

A medida que atravesamos las cuatro fases del ciclo menstrual tras la Bendición del Útero, la energía de la Bendición continúa sanando y despertando aspectos de nuestra verdadera naturaleza al integrarse con el arquetipo relacionado con cada fase. Si no tenemos un ciclo menstrual, la energía de la Bendición se fusiona con cada uno de los arquetipos de acuerdo con las fases lunares. En ambos casos, esto permite que en nuestras vidas fluyan los dones de los arquetipos para ser aceptados, apreciados y, lo más importante, expresados.

La Bendición del Útero no es algo que recibimos una vez y que nos «arregla», sino que constituye un camino de transformación, crecimiento y sanación. Cada sintonización elimina una capa de suciedad que oculta la verdadera forma y vibración de la feminidad auténtica. Sin embargo, **no es suficiente con despertar y restablecer nuestros arquetipos: hemos de vivirlos** o volveremos a apagar sus colores y perderemos el contacto con nuestra verdadera identidad.

Si luchamos contra nuestro cuerpo y nuestro ciclo haciendo caso omiso de nuestras energías cíclicas, estaremos resistiéndonos al despertar y la sanación que la Bendición nos aporta y podríamos regresar a nuestro estado anterior de desconexión, con los sentimientos asociados de pérdida y de sentirnos incompletas. Nuestro camino como mujeres no es vivir en los elevados ideales de la mente, sino llevar la luz y el amor de la Feminidad Sagrada al mundo material, de modo que todas las actividades diarias sean sagradas.

Con objeto de ayudarnos a vencer cualquier resistencia y abrazar los cuatro arquetipos, necesitamos nutrir activamente sus energías en nuestro interior y vivir una vida creativa y expansiva en armonía con ellos.

Recibir la Bendición del Útero es como
plantar un rosal y cuidarlo.
Cada Bendición lo ayuda a
desarrollar raíces más profundas y ascender hacia la luz.
Después, hemos de nutrir este crecimiento,

dejando que el rosal fluya con las estaciones,
para que de él broten hermosos capullos y flores,
genere hojas y espinas saludables
y se llene de preciosos frutos rojos.

Podemos potenciar activamente nuestro desarrollo hacia una feminidad completa viviendo en sintonía con nuestras energías arquetípicas y con nuestra naturaleza cíclica, o bien con el ciclo lunar, tanto como sea posible.

¿Qué son las energías arquetípicas?
Nuestra feminidad auténtica

Toda mujer alberga cuatro aspectos universales de la energía de la Feminidad Sagrada, conocidos como «arquetipos femeninos», en el centro del útero. Las energías de los arquetipos se originan en nuestra alma femenina en el interior del centro del útero, fluyen con las fases de nuestro ciclo menstrual, o bien con el ciclo lunar, y crean una experiencia personal de los ritmos universales de la Feminidad Sagrada.

Nuestra feminidad auténtica con sus cuatro energías, cuatro arquetipos y cuatro niveles de conciencia desea ser expresada, y estamos llamadas a hacerlo en nuestro cuerpo, en nuestras células, en nuestra facultad instintiva y en nuestra alma.

Si la sintonización de la Bendición del Útero está despertando aspectos de estos arquetipos en nuestro interior y está haciendo conscientes sus energías, **es necesario que sepamos más acerca de ellos.** Necesitamos saber cómo reconocer su presencia y sus energías, cómo descubrir sus requerimientos y cómo vivir con ellos de forma equilibrada. **Al aceptar y explorar las energías arquetípicas, apoyamos el proceso que tiene lugar en cada Bendición del Útero y potenciamos nuestro camino de cambio y despertar.**

Los arquetipos: sin espacio en la vida moderna

Dada la represión y el menosprecio que durante miles de años han sufrido los arquetipos, no es de extrañar que las mujeres modernas se sientan perdidas y traten de comprenderse a sí mismas y de encontrar el verdadero lugar que ocupa la feminidad en el mundo.

Pero no es la ignorancia lo que impide que las mujeres abracen las energías femeninas. Incluso cuando cuentan con información acerca de las energías arquetípicas femeninas, numerosas mujeres son incapaces de empatizar con estos conceptos o de aplicarlos a sus vidas. Lamentablemente, es el estado de separación de su cuerpo y su feminidad, influido por una sociedad desconectada, lo que impide que las mujeres tomen conciencia de su feminidad auténtica. Afirmaciones como «Prefiero morir joven antes que envejecer» y «Detesto el ciclo menstrual; dame una pastilla para interrumpirlo» reflejan actitudes que son síntomas de esta separación. Sea como fuere, la respuesta masiva a la Bendición Mundial del Útero es también un síntoma. La respuesta de tantas mujeres de distintas nacionalidades y culturas muestra que, al margen de su origen, echan en falta la experiencia esencial de la feminidad en sus vidas y sienten la necesidad sincera de despertar esta experiencia y tener libertad para ser completamente femeninas.

Incluso si sentimos que ya estamos conectadas con nuestras energías femeninas, las presiones y tensiones de vivir una vida masculinizada hacen que nos desconectemos con facilidad de la fortaleza y sabiduría que nos ofrece nuestra naturaleza cambiante. El estrés y el temor pueden saturar nuestra conciencia, activar los patrones primitivos de miedo y dificultarnos la posibilidad de sentir los cambios sutiles en nuestras energías y en nuestra conciencia.

Puede resultarnos complicado experimentar el flujo cambiante de creatividad e intuición y sentir la bella interacción que mantenemos con la Feminidad Sagrada; pues bien, la Bendición del Útero es un don que restituye nuestra identidad verdadera. Nos recuerda que estamos a salvo y que es seguro estar abierta, ser femenina y fluir, y también nos indica que:

**Nuestra fuerza no reside en lo que la sociedad
nos dice y enseña,
sino en lo que sentimos en nuestro centro del útero,
en nuestro corazón,
en nuestras fases
y en nuestra conexión con la Feminidad Sagrada.**

Cuando tomamos conciencia de los cuatro arquetipos de nuestro ciclo vemos que la feminidad no encierra aspectos buenos ni malos, sino energías «activas» y «receptivas». También descubrimos que existen aspectos de nuestros arquetipos femeninos a los que reprimimos o con los que nos identificamos en exceso de forma intencionada, y que más que una o dos características femeninas, somos una maravillosa combinación de cuatro arquetipos que crecen y decrecen a lo largo del ciclo.

Lamentablemente, el mundo no reconoce todavía a la «Mujer Cíclica» y los dones positivos del ciclo menstrual, pero:

**Si damos pequeños pasos para vivir
algunos aspectos de nuestra vida en sintonía
con los arquetipos
que se manifiestan en nuestros ciclos,
experimentaremos sentimientos de felicidad, bienestar,
plenitud y satisfacción, porque
estaremos expresando nuestra identidad verdadera.**

Conocer los arquetipos: mirarse al espejo

Luna roja introdujo el concepto de cuatro arquetipos femeninos relacionados con una tradición menstrual. Este concepto se originó a partir de las experiencias comunes de las mujeres y la exploración del folklore y la mitología sobre la sabiduría ancestral femenina, transmitidos durante generaciones. Fueron estos relatos los que revelaron la naturaleza de la «Diosa Cíclica».

La Diosa Cíclica es el ciclo de las estrellas a través del cielo nocturno. Es el ciclo de las estaciones, el ciclo de las mareas, el ciclo de la luna, el ciclo de la vida y también el ciclo de las mujeres. La encontramos en cuentos sobre mujeres que sufren transformaciones —mujeres que pasan de ser ancianas sabias a bellas doncellas o doncellas convertidas en mujeres viejas y feas debido a una maldición—; la encontramos en narraciones sobre mujeres que se convierten en pájaros u otros animales que representan los poderes de las diferentes fases de la feminidad. Si bien a menudo la narración y el significado de muchas de estas historias ha cambiado con el tiempo, si las leemos desde la perspectiva de una «Mujer Cíclica», vemos a la Diosa Cíclica revelándose a nosotras a través de cuatro arquetipos: la **Doncella**, la **Madre**, la **Hechicera** y la **Anciana Bruja**.

La **Doncella** es la jovencita dinámica, independiente, atractiva y «pura», en el sentido de que es fiel a su naturaleza y no ha sido tocada por otras influencias.

> Advierte que la luz de la Feminidad Sagrada
> mora en tu interior.
> Sin importar lo que haya sucedido en el pasado
> o lo que esté aconteciendo ahora,
> tú mantienes su pureza.
> Actúa hoy siendo consciente de tu luz,
> y de tu gracia y belleza.

(Basado en *Mensajes espirituales para mujeres*, de Miranda Gray)

La Madre es la «Buena Madre», la mujer fértil, maternal y desinteresada, que desborda amor y capacidad de nutrir y dar sustento a quienes la rodean.

> Transitar la senda de las energías maternales
> significa caminar segura de ti misma,
> conectada con la tierra,
> con el útero pleno
> y los brazos y el corazón abiertos.
> Encarnar a la Feminidad Sagrada
> significa preocuparse por el Mundo.

(Basado en *Mensajes espirituales para mujeres*, de Miranda Gray)

La Hechicera es la mujer madura que se siente empoderada, sexual, mágica, salvaje e independiente. También puede aparecer como la «Doncella Oscura» o un ser mágico, y refleja las energías de una mujer que está atravesando la perimenopausia o que se halla en los primeros años de las posmenopausia.

> ¡Cuentas con el permiso de la Feminidad Sagrada para ser
> apasionada,
> salvaje
> e instintiva!
> Así es como ha dispuesto que seas en este preciso momento.
> Cuando amas este aspecto de ti misma
> y te permites expresarlo,
> ya no necesitas enfrentarte al mundo.

(Basado en *Mensajes espirituales para mujeres*, de Miranda Gray)

La Anciana Bruja es la mujer mayor solitaria, la bruja «fea», la anciana sabia y la abuela viejecita. Es la mujer mayor mágica que se centra en la interiorización, se aparta de la vida cotidiana y la sociedad, y permanece en silencio en el portal entre los mundos.

Extiende los brazos para tocar las estrellas;
siente el latido de la vida en tu corazón,
el amor que está en todas las cosas.
Tú y la Feminidad Sagrada sois una.

(Basado en *Mensajes espirituales para mujeres*, de Miranda Gray)

Un viaje femenino: comprender las energías de tu ciclo

A medida que viajamos a través de nuestros ciclos menstruales cada mes, vamos encarnando las bellas energías de cada uno de los cuatro arquetipos. Al igual que con las estaciones o las mareas, no existen barreras rígidas entre las fases del ciclo, y los cambios que experimentamos van teniendo lugar gradualmente mientras nos movemos de una fase a otra.

Las fases de los arquetipos no son puramente biológicas; aunque están relacionadas con los cambios hormonales, se basan en experiencias personales. El ciclo que experimentamos es el ciclo correcto para nosotras en este momento, ya sea largo o corto, regular o irregular, tranquilo o agitado. El modo en que vivimos nuestros ciclos varía de mujer a mujer y de ciclo a ciclo, y también puede diferir el número de días de cada fase. Sin embargo, como primer paso hacia la comprensión de nuestra expresión única de la feminidad, podemos establecer algunas generalizaciones.

La fase preovulatoria comienza después de la fase menstrual; para numerosas mujeres, puede tener lugar entre los días

7 y 13 del ciclo, considerando el día 1 el primer día de la menstruación. Durante esta fase comenzamos a expresar de forma natural las energías del arquetipo de la hermosa **Doncella** y a ver el mundo desde su perspectiva. A medida que avanzamos hacia la ovulación, sus energías dinámicas comienzan a suavizarse y transformarse en la fase de la amorosa **Madre**, que puede acontecer entre los día 14 y 20 del ciclo.

Tras la expulsión del ovocito, las energías de la Madre pueden ir transformándose poco a poco, o en algunos casos de forma radical, en las de la mágica **Hechicera**, mientras iniciamos nuestro viaje a través de la fase premenstrual, alrededor del día 21 del ciclo.

Por último, coincidiendo con la aparición del sangrado, entramos en la fase que se corresponde con el arquetipo de la **Anciana Bruja** sabia, en la que experimentamos una retirada de la energía, hasta que renacemos de nuevo en el mundo con las energías dinámicas de la Doncella.

Lo anterior son solo pautas generales, de modo que es importante que escuches tu cuerpo y tus sentimientos, pues ellos te avisan de cuándo estás pasando de un arquetipo a otro. En algunas mujeres las energías de la Anciana Bruja pueden aparecer unos días después del comienzo del sangrado; otras experimentan días de «transición», en los que sienten una combinación de energías, necesidades y dones tanto de la fase que están dejando atrás como de la que está comenzando.

Cada arquetipo afecta a nuestra forma de pensar, sentir y actuar, y constituye un aspecto importante y poderoso de nuestra feminidad. Cada uno de ellos nos ofrece energías y oportunidades asombrosas para crear el mundo que nos rodea y expresar la Feminidad Sagrada. Seamos o no conscientes de las influencias de los arquetipos, lo cierto es que **cambiamos**.

EJERCICIO: MIRARTE AL ESPEJO: LOS CUATRO ARQUETIPOS DE TU INTERIOR

Las mujeres somos como la luna: cambiamos un poco cada día, y aunque puede resultarnos complicado apreciar estos cambios al comparar un día con otro, cuando prestamos atención a dos semanas seguidas resulta más fácil reconocer estas modificaciones tanto en el rostro de la luna como en nuestro interior.

Siéntate en una posición cómoda y relájate.

Imagina a cuatro mujeres situadas de pie frente a ti.

La primera, joven y bella, desborda energía dinámica, sueños y objetivos.

La segunda, algo mayor que la anterior, es considerada y delicada y está llena de amor desinteresado.

La siguiente, una mujer madura, posee un gran poder mágico, energía dinámica y creatividad inspirada.

La última es una mujer mayor, sabia y silenciosa, y te mira con profundo amor.

Imagina que estas cuatro mujeres presentan el mismo aspecto.

Imagina que estas cuatro mujeres tienen tu mismo aspecto.

Te has encontrado a ti misma:

la que eres ahora,

la que fuiste la semana pasada,

la que serás la semana que viene y la siguiente.

Permanece con esta nueva percepción.

Cuando estés lista para terminar, respira hondo y abre los ojos.

No es de extrañar que las mujeres nos sintamos confundidas. Se nos dice que somos una única mujer cuando en realidad somos al menos cuatro mujeres diferentes con diversas energías, necesidades, habilidades y perspectivas.

Tampoco es de extrañar que los hombres se sientan perplejos. ¡Creen que solamente tienen una mujer en su vida!

Los Arquetipos y la Bendición Mundial del Útero: sanar nuestros arquetipos

Al elevar la vibración de las mujeres, cada sintonización de la Bendición Mundial del Útero elimina los bloqueos y restricciones compartidos por las participantes. Esto crea un **despertar colectivo** de aspectos latentes o reprimidos de sus cuatro energías arquetípicas femeninas. El proceso de despertar comienza con la armonización y después continúa trabajando en cada arquetipo individual durante el mes siguiente.

La Bendición restablece la conexión con las energías arquetípicas, interrumpida una y otra vez por la vida moderna, y repone igualmente las energías que se hayan visto agotadas por el ritmo de vida actual; asimismo, restablece el equilibrio de las energías arquetípicas, lo cual armoniza nuestros ciclos y a nosotras mismas.

Cada Bendición Mundial del Útero se centra además en la sanación de los patrones y energías de un arquetipo específico. Esta sanación está relacionada con la estación del año en que tenga lugar la sintonización. La Tierra, al igual que la luna, atraviesa cuatro fases, dependiendo de su posición respecto al sol, y cada una de estas fases está asociada con una energía arquetípica.

En la Bendición Mundial del Útero nos conectamos con la tierra a través del vínculo útero-tierra-útero, lo cual crea una resonancia entre nuestro útero y las energías de la tierra, a fin de restablecer el patrón arquetípico y la vibración originales del centro del útero. La energía asciende hasta el útero y sana el modo en que se manifiesta el arquetipo en cuestión a través del cuerpo y el ciclo menstrual.

La sanación de los arquetipos y las Bendiciones anuales

Arquetipo	Estación asociada	Bendición Mundial del Útero	La sanación arquetípica incluye:
Doncella	Primavera: aumenta la luz.	Inicio de las energías de la primavera.	**Nuestra percepción del mundo.** Pensamientos, conducta, ego, acciones, autoconfianza, optimismo, seguridad en una misma, autoestima, placer sexual y desarrollo personal. Fase preovulatoria.
Madre	Verano: los días se alargan.	Inicio de las energías del verano.	**Nuestra conexión con el mundo.** Emociones, fortaleza emocional, amor, compasión, practicidad, sinceridad, conexión, relaciones, sexualidad y fertilidad. Fase ovulatoria.
Hechicera	Otoño: la luz disminuye.	Inicio de las energías del otoño.	**Nuestro poder en el mundo.** El subconsciente, creencias, recuerdos, creatividad, bloqueos sexuales, restricciones e inhibiciones, manifestación, ego, temores, patrones de supervivencia y antecesoras. Fase premenstrual.

(continuación)

Arquetipo	Estación asociada	Bendición Mundial del Útero	La sanación arquetípica incluye:
Anciana Bruja	Invierno: los días se acortan.	Inicio de las energías del invierno.	**Nuestro ser en el mundo.** El alma, soltar, perdón, espiritualidad, intuición, sexo espiritual, sabiduría interior y propósito del alma. Fase menstrual.
Cosmos	El día más corto.	Solsticio de invierno.	**Nuestra unidad con todo.** Plenitud, concentración, quietud, paz interior, equilibrio y armonía. La totalidad del ciclo menstrual.

Las Meditaciones de los Arquetipos son meditaciones opcionales centradas en sanar patrones específicos de las energías arquetípicas que nos ayudan activamente a **interactuar con estas energías y a profundizar en nuestra sanación y nuestra expresión de ellas**. A medida que avanzamos por el camino anual de la Bendición del Útero, experimentamos las energías arquetípicas en alineación con la Madre Tierra; por esta razón, se emplean meditaciones opuestas en los hemisferios norte y sur. Las mujeres que viven cerca del ecuador pueden escoger el ciclo de meditaciones anual que deseen seguir.

*Las meditaciones arquetípicas
y las Bendiciones Mundiales del Útero asociadas*

Bendición Mundial del Útero	Meditación	Descripción
Inicio de las energías de la primavera	La renovación del útero	Limpiar y disolver suavemente los antiguos patrones presentes en nuestra sexualidad y en nuestro útero.
Inicio de las energías del verano	Aceptar nuestra sexualidad	Abrazar la belleza, la sensualidad y la sexualidad de nuestra feminidad, con independencia de la edad.
Inicio de las energías del otoño	Crear abundancia	Expresar nuestra abundancia natural e ingenio femenino para crear nuestros sueños.
Inicio de las energías del invierno	Sanar a las antecesoras de la Madre	Sanar los patrones de nuestro linaje femenino. Cuando sanamos el pasado, estamos sanando también el presente y el futuro.
Energías del solsticio de invierno	El círculo de hermanas	Conectar con todas las mujeres de la familia de la Bendición del Útero para sanar el mundo y a nosotras mismas.

Estas meditaciones son accesibles a todas las mujeres, tengan o no un ciclo físico. Tras registrarte en la Bendición Mundial del Útero tienes acceso a todos los textos e instrucciones relativas a las meditaciones adicionales.

Las Meditaciones de los Arquetipos también pueden llevarse a cabo en asociación con el ciclo lunar y el ciclo menstrual.

La Meditación de la Doncella de la Primavera: la renovación del útero

Hemisferio norte: Bendición de febrero
Hemisferio sur: Bendición de agosto

La Meditación del Arquetipo que se practica a principios de la primavera se centra en una suave limpieza y renovación. La energía de la Bendición trabaja con el arquetipo de la Doncella para ayudarnos a liberarnos de los patrones, heridas y lastre emocional del año anterior que pueda estar afectando a nuestra feminidad y nuestro centro energético del útero. Potenciamos la sanación al desprendernos de las cosas que ya no necesitamos y transmitir pureza, bondad, paz y amor a nuestro útero y al mundo. De este modo, renacemos limpias, repuestas y renovadas.

Con cada sintonización de la Bendición del Útero de primavera, la sanación de la Doncella va actuando con mayor profundidad, sanando nuestros pensamientos y creencias sobre nosotras mismas y devolviéndonos a nuestra esencia.

La Meditación de la Madre del Verano: aceptar nuestra sexualidad

Hemisferio norte: Bendición de mayo
Hemisferio sur: Bendición de octubre

En la Bendición Mundial del Útero que tiene lugar al principio del verano empleamos la Meditación del Arquetipo para sanar nuestra sensualidad y la belleza de la sexualidad sagrada presente en nosotras. A medida que el arquetipo de la Madre restablece sus energías y volvemos a conectar con sus diversos aspectos en nuestro interior, comenzamos a reconocer nuestra belleza y nuestro atractivo sexual. Sentimos la sacralidad y valía de nuestra creatividad, no solo como madres fértiles, sino también como seres sensuales creativos que conciben ideas y generan amor y gozo.

La energía de la Bendición del Útero de verano trabaja con el arquetipo de la Madre a fin de sanar los patrones y miedos limitadores que hayamos aprendido de nuestras madres sobre nuestra sensualidad, nuestro cuerpo, nuestro placer y nuestra sexualidad. También ofrece una sanación íntima de nuestra sexualidad, en los ámbitos físico, mental y emocional, y nos ayuda a considerar nuestra naturaleza sexual como «algo bueno» **en todas sus formas** y como un reflejo de la Feminidad Sagrada.

La Meditación de la Hechicera del Otoño: manifestar nuestra abundancia

Hemisferio norte: Bendición de agosto
Hemisferio sur: Bendición de febrero

En la Bendición Mundial del Útero del otoño trabajamos con la meditación de la Hechicera con la intención de sanar nuestra sensación de carencia y nuestras necesidades internas. En un mundo donde somos bombardeadas con nuevos artículos que «deberíamos» adquirir o tener, esta sensación de que nos falta algo se potencia fácilmente, lo cual hace que nuestra Hechicera interna responda como si estuviéramos amenazadas.

Con la Meditación del Arquetipo suavizamos la sensación de carencia y nos centramos de nuevo en nuestro poder —auténticamente femenino— de manifestar. Con la Bendición del Útero de cada otoño, la sanación de la Hechicera restablece nuestra capacidad de crear la vida que deseamos a través del amor y del flujo de las energías de la Feminidad Sagrada. Recordamos que nuestra naturaleza es ser felices y que todas las acciones efectuadas desde un sentimiento de amor nos aportan plenitud, amor y satisfacción.

La Meditación de la Anciana Bruja del Invierno: sanar nuestro linaje femenino

Hemisferio norte: Bendición de octubre
Hemisferio sur: Bendición de mayo

La Meditación Mundial del Útero que se celebra al principio del invierno se centra en sanar y restaurar las energías agotadas de la Anciana Bruja. Cuando sanamos este arquetipo, volvemos a conectar con nuestra sabiduría interior, así como con la paz interior y el amor comprensivo inherentes a nuestro ser, y sacralizamos de nuevo el período de la menstruación.

Empleamos la Meditación del Arquetipo para apoyar las energías de la Bendición en la sanación de nuestro linaje materno, el pasado ancestral y la memoria de grupo. Ninguna de nosotras existe de forma aislada: somos el producto de miles de generaciones de madres que nos une a un pasado lejano. La energía de la Bendición actúa en la línea materna a través de una conexión de útero a útero, y sana, limpia y disuelve todo aquello que no esté en sintonía con nuestro nuevo despertar. Cuando se sana el pasado, también nos sanamos nosotras y, por consiguiente, también lo hacen el presente y el futuro.

La Meditación de la Unidad: el círculo de hermanas

Hemisferio norte: Bendición de diciembre
Hemisferio sur: Bendición de diciembre

La última Bendición Mundial del Útero del año tiene lugar alrededor del solsticio de invierno; en esta época usamos la Meditación de la Unidad para potenciar la sanación de la Bendición en el nivel de conciencia del alma y nuestra conexión con todas las mujeres a través de nuestro útero y nuestras experiencias femeninas compartidas. La Bendición trabaja con el centro de nuestro ciclo, el lugar **donde los cuatro arquetipos se funden en un ser consciente que es la expresión del universo a través de la forma femenina.**

La Meditación de la Unidad nos ayuda a sentirnos parte de la extensa familia de mujeres, conectadas a través del amor y de nuestro reflejo de la Feminidad Sagrada. Nos ayuda cada año a sanar nuestros sentimientos de soledad y de alienación, de confusión y de miedo, y restablece nuestra fortaleza amorosa y el reconocimiento de que todas las mujeres somos hermanas.

Participar en cada Bendición del Útero y en cada Meditación del Arquetipo constituye un bello camino en espiral de sanación y crecimiento, de recuerdo y restablecimiento, de amor y evolución. Se trata de una senda experiencial que ama nuestra feminidad, la celebra en todas sus formas y amplía la conciencia de nuestro ciclo y de nuestra conexión con los ciclos de la Feminidad Sagrada.

Tu fase del ciclo y la Bendición del Útero

En la Bendición del Útero, la vibración de la energía de la Feminidad Sagrada no cambia con las fases de nuestro ciclo menstrual, sino que es **nuestra experiencia** de la Bendición del Útero la que puede variar dependiendo del arquetipo que estemos encarnando en ese momento.

Recibir la Bendición en la fase de la Doncella

Si recibimos la Bendición Mundial del Útero, o bien una Bendición Personal del Útero, en la fase de la Doncella, puede que experimentemos mayores niveles de conciencia, una visión universal de la existencia y mayor claridad y optimismo; también es posible que nos sintamos inspiradas para actuar. Tras la sintonización, tal vez experimentemos una mayor autoconfianza y nos sintamos con las pilas recargadas, deseando movernos, correr o bailar.

Recibir la Bendición en la fase de la Madre

Recibir la sintonización de la Bendición del Útero en la fase de la Madre puede suscitarnos profundos sentimientos de amor que nos ayuden a relajarnos de las presiones del mundo y a conectarnos de nuevo con el amor que abraza el universo. Puede que tras la armonización nos sintamos emotivas y afectuosas, y es posible que sintamos deseos de abrazar o tocar a la gente para compartir este amor.

Recibir la Bendición en la fase de la Hechicera

En esta fase, la sintonización de la Bendición del Útero puede dar lugar a una experiencia espiritual profunda: podemos sentirnos más intuitivas, recibir conocimiento interno o inspiración, y ser más conscientes de la energía y sus cambios en nosotras. También es posible que nos sintamos sumamente emotivas al salir a la luz sentimientos ocultos para ser liberados.

Puede que tras la Bendición nos sintamos inspiradas y dinámicas, con nuestro lado salvaje deseando liberarse, o podemos sentirnos serenas y sentarnos en silencio con las emociones y experiencias espirituales que acabamos de recibir.

Recibir la Bendición en la fase de la Anciana Bruja

La Anciana Bruja puede aportarnos una experiencia sumamente espiritual y profunda de la Bendición del Útero. Puede proporcionarnos sentimientos de paz, amor y aceptación, así como una honda experiencia meditativa de unidad. Durante la Bendición, es posible que nos durmamos o sintamos somnolencia, y después de esta tal vez sintamos que el sentimiento de unidad continúa y no deseemos hablar ni movernos.

Cada sintonización de la Bendición Mundial del Útero es una experiencia diferente; se trata de una hermosa combinación entre la fase de desarrollo de nuestra energía personal, nuestro actual arquetipo del ciclo menstrual, el arquetipo de la Madre Tierra y la energía de la luna llena. Siempre se nos da aquello que estamos preparadas para tomar y cada Bendición nos aporta algo realmente bello y asombroso incluso si nos somos conscientes de ello en ese momento.

**Recibimos algo nuevo
en cada Bendición.**

CAPÍTULO 8

ABRAZAR LOS ARQUETIPOS INTERNOS

Con objeto de vivir más armoniosamente con los arquetipos durante los ciclos que tengan lugar entre una Bendición y otra, hemos de entender qué son y el modo en que sus energías afectan a nuestras vidas.

Conocer a la Doncella de la Primavera y la Luna Creciente

Una vez se derritieron las nieves del invierno y comenzaron a aparecer los primeros brotes, la Doncella de la Primavera conoció a la Primera Mujer, quien se encontraba lavando sus sábanas en el río.

La Doncella de la Primavera portaba arco y flechas, e iba acompañada por dos sabuesos. Una flor blanca adornaba su pelo: se trataba de la misma flor que le había entregado el clan de las Liebres a la Primera Mujer.

—¿Por qué estás tan abatida? —inquirió la Doncella de la Primavera.

—Porque he perdido algo —respondió la Primera Mujer—. Y no sé qué es.

La Doncella de la Primavera advirtió que el cuenco situado en el bajo vientre de la Primera Mujer había perdido su poder y tenía un aspecto apagado.

—Ya sé lo que te falta —replicó ofreciendo a la Primera Mujer la misma flor que le había regalado la Mujer Liebre en la creación del mundo—. Le diste esto al Zorro.

Saltando de alegría, la Primera Mujer le dio las gracias por devolverle su poder y lo colocó en su cinturón.

La Doncella de la Primavera se rio.

—¡Deja lo que estabas haciendo y ven a correr conmigo! —la invitó mientras se giraba y comenzaba a correr.

La Primera Mujer sintió que de sus hombros se desprendía el letargo del invierno y en su cuenco comenzaba a vibrar nueva energía.

—¡Sí! —gritó, y ambas iniciaron su carrera junto con los sabuesos.

Atravesaron bosques, cruzaron ríos, ascendieron montañas y recorrieron valles. La Primera Mujer se sentía libre y viva; bella y poderosa; e iba creando su propio camino mientras corría.

El arquetipo de la Doncella: el principio del viaje

El arquetipo de la Doncella contiene la energía de un nuevo comienzo, del movimiento y la acción, y del crecimiento inicial. Ella es los primeros brotes de la primavera, el correr del agua al subir la marea y el sol saliente del amanecer; entra en nuestra vida en la fase preovulatoria y con la luna creciente.

La fase de la Doncella supone una renovación de la energía física tras la retirada y la hibernación invernal de la menstruación. Sentimos el cuerpo más ligero, se renuevan el interés y las energías sexuales, la mente está más clara y nos sentimos más confiadas e independientes. La Doncella no teme el cambio y está deseando crear un nuevo camino en la vida. Es la diosa de la caza que se fija unos objetivos y los persigue. Rebosa energía positiva acerca de quién es y de lo que es capaz de manifestar en su vida.

En la fase de la Doncella prevalece nuestra «mente pensante». Las energías del centro del útero ascienden hasta la mente y crean un fuerte vínculo entre la mente y el útero. La Doncella es la diosa de la sabiduría y el conocimiento intelectual. Es lógica y racional, y está abierta a los ideales intelectuales, más que a un enfoque empático o intuitivo. En esta fase pueden acentuarse tanto los niveles de memoria y concentración como nuestro deseo de explorar y aprender.

La fase de la Doncella es también una fase de autenticidad, alegrías sencillas y una interacción lúdica con el mundo. La Doncella nos solicita ser liberada de las responsabilidades de la vida adulta y disfrutar.

La Doncella equilibrada

Cuando las energías de la Doncella están en equilibrio en nuestra vida, nos resulta más sencillo cumplir nuestras metas y sueños y satisfacer nuestras necesidades de logro y crecimiento sin esforzarnos. Pero cuando sus energías no están equilibradas debido a la represión de sus necesidades o a estar demasiado identificadas con sus energías, podemos sentirnos frustradas y sentir envidia del éxito ajeno, o bien volvernos frías y calculadoras, dejando que nuestras metas personales dominen nuestras vidas.

Aceptar las energías de la Doncella

Un gran número de mujeres valoran especialmente las energías de la Doncella. Dado que mejoran las capacidades relacionadas con el éxito en una sociedad competitiva orientada a la consecución de objetivos, son muchas las mujeres que tratan de vivir solamente como la Doncella.

A otras mujeres, no obstante, les resulta complicado aceptar esta fase. Pueden sentirse culpables de ser ambiciosas, debido a que la sociedad les ha ofrecido la imagen de que una mujer «como es debido» es desinteresada, nutricia y empática *todo el tiempo*. Pero cuando permitimos la expresión independiente y autodeterminada de las energías de la Doncella, sentimos que ejercemos mayor control sobre nuestra vida y que estamos creciendo en lugar de estancándonos; asimismo, nos sentimos empoderadas para mostrar interés por los demás y ser generosas.

Además, algunas mujeres pueden tener dificultades en permitir que su naturaleza interna de la Doncella se exprese a través del juego y la diversión, debido a la carga de responsabilidad que han adquirido con la maternidad y un trabajo estresante. Sin embargo, el juego es un forma de liberar el estrés, de aprender y crecer, y de construir relaciones empáticas y amorosas con nuestros hijos.

La creatividad de la Doncella

La Doncella también nos ofrece su excepcional expresión de la creatividad, la sexualidad y la espiritualidad. Su creatividad se expresa a través de nuestro intelecto, y nos proporciona la maravillosa capacidad de crear estructura a partir del caos y hacer planes para el futuro.

La espiritualidad de la Doncella

La espiritualidad de la Doncella está relacionada con los ideales espirituales, así como con la ascensión o la iluminación, y genera una pasión por las reglas, la estructura jerárquica, el razonamiento y las prácticas éticas y morales. Pero hemos de ser conscientes de que este camino debería transitarse con energías lúdicas para no correr el riesgo de obsesionarnos con seguir el camino «correcto».

La sexualidad y la Doncella

La sexualidad de la Doncella es independiente y el sexo no tiene otro propósito que el disfrute y la diversión.

¡La Madre Naturaleza nos concede este momento para nuestro deleite, antes de la expulsión del ovocito! Para algunas mujeres esta fase puede resultar maravillosa: sus energías sexuales se han vuelto dinámicas de nuevo tras su retirada con la menstruación, experimentan una mayor vitalidad, se sienten positivas y seguras de sí mismas, y el incremento de la resistencia física propicia las noches de sexo apasionado.

Sin embargo, a algunas mujeres puede resultarles complicado manejar el repentino dinamismo de su sexualidad, y a nuestra pareja puede parecerle chocante el pasar de vivir con una mujer en su fase menstrual, que se pasa durmiendo la mayor parte del tiempo y ha perdido el interés por el sexo, a vivir con una mujer en su fase preovularoria con ganas de fiesta, de coqueteo y de tener sexo salvaje.

Abrazar a la Doncella interior, con independencia de la edad

Cuando están equilibradas, las energías de la Doncella constituyen un bello don de un nuevo comienzo, independencia, vitalidad y un espíritu lúdico. Con objeto de equilibrar estas energías hemos de abrazar y expresar activamente nuestras capacidades relacionadas con la «mente pensante» al planear actividades, crear estructura y aprender cosas nuevas. Si bien hemos de tener confianza a la hora de emprender nuevos proyectos y hemos de disfrutar de nuestra vitalidad renovada, saliendo y siendo más activas físicamente, también necesitamos recordar encarnar las cualidades moderadoras de la Doncella: un espíritu lúdico, la flexibilidad y el disfrute.

Con independencia de la edad, somos la Doncella; si somos mujeres cíclicas, nos convertimos en esa jovencita una vez al mes en la fase preovulatoria; y si ya hemos atravesado la menopausia, podemos abrazar las energías de la Doncella que albergamos en nuestro interior con la luna creciente, durante la primavera o siempre que queramos.

La Bendición del Útero y la sanación de la fase de la Doncella

La Bendición puede ayudarnos a disolver los antiguos patrones de pensamiento que nos impiden avanzar y ocultan nuestros sueños y objetivos más anhelados, así como nuestra identidad verdadera. Las mujeres que reciben la sintonización de la Bendición del Útero durante esta fase suelen sentirse cargadas de energía, con ganas de llevar a cabo grandes cambios e iniciar nuevos caminos. La Bendición les abre a un aspecto confiado, independiente y dinámico de sí mismas.

Durante nuestro ciclo de nacimiento tras la sintonización de la Bendición del Útero, la energía de la Bendición trabaja con el arquetipo de la Doncella en nuestra fase preovulatoria con objeto de liberarnos de pensamientos y recuerdos restrictivos. De este modo, podemos volver a descubrir nuestra bondad inherente, saber que somos bellas y perfectas tal como somos y sentir regocijo por ser mujer. Nos volvemos positivas y nos sentimos seguras para dar los pasos necesarios para cambiar nuestra vida y dejar que nuestra alma cumpla su misión en el mundo.

Si deseas vivir y trabajar más conscientemente con el despertar y la sanación del arquetipo de la Doncella durante el mes posterior a la Bendición, consulta el capítulo 9.

Ejercicio: Expresar las energías de la Doncella de la Luna Creciente

La clave para vivir una vida más auténticamente femenina consiste en llevar a cabo actividades que te permitan expresar el arquetipo de la fase en la que te encuentres y te hagan feliz.

En este ejercicio utilizaremos el pensamiento debido a que en la fase de la Doncella prevalece la «mente pensante».

Si recibes la sintonización de la Bendición del Útero en la fase de la Doncella, tal vez desees incluir esta meditación durante los días restantes de esta fase.

Piensa en todas las tareas y actividades que deseas o debes hacer esta semana. A la Doncella le encantan las listas de tareas, pues la encaminan en una dirección, le dan un propósito y permiten la salida de sus energías dinámicas. Incluye algunas actividades que requieran el uso de la concentración y del pensamiento claro para así emplear los dones de la Doncella.

Táchalas de la lista a medida que las termines y verás lo bien que te sientes. ¡A la Doncella también le encanta cumplir con sus objetivos!

Conocer a la Madre del Verano y la Luna Llena

Cuando la primavera dio paso al calor del verano, la Primera Mujer no se sentía equilibrada; solo había recuperado parte de su poder, pero no todo, de modo que emprendió un viaje para encontrar el resto de poderes que había perdido.

En la creación del mundo le había resultado fácil caminar con los poderes en su cinturón, pero sin ellos para equilibrarla sentía la espalda y los pies doloridos, y muy pronto se sentía cansada.

Tras un largo viaje, la Primera Mujer se sentó agotada bajo la sombra de un árbol inmenso. La Madre del Verano la encontró en este lugar y se sentó junto a ella lentamente. Se hallaba en un estado de gestación avanzado.

—¡Pero hija! —exclamó la Madre del Verano—. ¿Te encuentras bien, pequeña?

—¡Ay, Madre! —gimió la Primera Mujer—. Me han engañado para quitarme los poderes, y ahora me siento perdida y dolorida.

La Madre del Verano deshizo el haz de juncos que portaba y comenzó a tejer una cesta. Mientras tejía, le contó a la Primera Mujer cómo les iba a los Primeros Animales y sus familias y crías recién nacidas, detallándole sus problemas y necesidades.

Antes de que la Madre del Verano partiera al atardecer, observó el cinturón de su hija.

—Encontré esto cuando te buscaba —le dijo—. Es el espejo que la Mujer Caballo te entregó en la creación del mundo. El Zorro lo tiró mientras corría.

Por la mañana, la Primera Mujer advirtió que las cestas que había tejido la Madre del Verano estaban repletas de todo aquello que necesitaban los animales; así pues, las cogió para llevárselas a sus amigos.

El arquetipo de la Madre: alcanzar la plenitud

El arquetipo de la Madre es la energía de la plenitud, la totalidad, el aplomo y el resplandor. Podemos encontrarla en las fragantes flores del verano y la abundancia de la naturaleza, así como en la suave luz de la luna llena. Ella es la quietud de la marea alta, el calor del sol al mediodía y las energías nutricias y solícitas de la fase ovulatoria.

La Madre conecta con los demás con compasión y empatía para crear relaciones. Ella es la diosa de la tierra que alumbra a sus hijos y los alimenta. La energía dinámica de la Doncella se ha suavizado y la autodeterminación y el impulso a actuar han madurado dando paso a una fortaleza emocional que nos permite dar y cuidar de otros.

La fase ovulatoria de la Madre y la luna llena nos permiten vivir desde el corazón y amarnos a nosotras mismas, a la humanidad, a la tierra y a todas las criaturas vivientes. La Madre está profundamente arraigada en la tierra, la cual le proporciona la fuerza y la estabilidad necesarias para abrir el corazón, amar y cuidar de otros y dar generosamente.

En la fase de la Madre prevalece la «mente sensible» y las energías del centro del útero ascienden al corazón y crean un poderoso vínculo entre el útero y el corazón. La Madre aleja la conciencia del intelecto y la dirige al nivel más profundo de los sentimientos, en el que experimentamos empatía, comprensión y compasión. Ya no nos mueve la consecución de objetivos personales, sino que nos sentimos contentas y satisfechas de ser quienes somos y de atender las necesidades y deseos de otras personas.

El equilibrio y las energías de la Madre

A un gran número de mujeres les encanta esta fase al sentirse tan afectuosas y generosas. Para un gran número de culturas se trata de la imagen ideal de lo que debería ser la feminidad. Pero cuando la Madre se halla desequilibrada por una excesiva identificación con sus energías, podemos acabar dando demasiado de nosotras mismas, descuidando nuestras necesidades para atender las de otras personas, ofreciendo una ayuda desproporcionada cuando no hace falta y asumiendo demasiada responsabilidad. Nos olvidamos de que en las siguientes fases de nuestro ciclo nuestra energía y resistencia irá reduciéndose y dejaremos de ser la mujer capaz de proporcionar este grado de apoyo.

Si tratamos de encarnar las energías de la Madre todo el tiempo, entorpecemos nuestro desarrollo personal, así como la posibilidad de alcanzar niveles más elevados de conciencia y crear el mundo de diversas maneras.

Cuando sufrimos un desequilibrio por haber reprimido las energías de la Madre de nuestra vida, podemos sentirnos solas y poco capaces de crear relaciones de apoyo mutuo, además de no sentir la fuerza emocional que hace brotar la generosidad en el corazón.

Aceptar las energías de la Madre

A algunas mujeres puede resultarles complicado aceptar las energías de la Madre, pues temen perder el «impulso» dinámico que les aporta éxito en su vida y les preocupa perderse en el otro con las energías suaves y nutricias de la Madre. La relación con su propia madre también puede darles una imagen negativa o distorsionada de este arquetipo, e impedir que abracen totalmente este aspecto de ellas mismas.

La creatividad de la Madre

La creatividad se produce de múltiples formas y la Madre la expresa con sus manos, su corazón y su útero. Este arquetipo nos otorga el don de sentirnos más empoderadas para generar sentimientos de amor y armonía, así como dar apoyo a nuestra red de amigos, compañeros de trabajo y la comunidad en su conjunto. Nos permite crear conexiones con otros, comprender a través de nuestros sentimientos, comunicarnos fácilmente desde el corazón y crear abundancia y crecimiento a través de la nutrición.

La espiritualidad de la Madre

A un gran número de mujeres la fase de la Madre les aporta una fuerte conexión con la naturaleza y un deleite en las experiencias sensuales del mundo natural. Esto se expresa en la espiritualidad inherente a este arquetipo, compuesta de verdades simples, una vida sencilla, el amor y el aprecio y soporte a todas las formas de vida.

La sexualidad y las energías de la Madre

La Madre Naturaleza puede proporcionarnos una energía sexual extraordinariamente potente en esta fase tan hondamente sensual y emocional. Nos pide que nos abramos por completo a nuestra pareja, emocional y físicamente, y que compartamos nuestro cuerpo y nuestro corazón. La fase de la Madre está relacionada con la pasión física y el romanticismo, con sentirse amada, apoyada y valorada por alguien que sentimos que conoce nuestra alma y que ha establecido un compromiso con nosotras.

Si bien muchas mujeres viven esta fase con pasión, amor y generosidad, cuando estos aspectos están reprimidos nos perdemos la bella oportunidad de fusionarnos por completo con nuestra pareja a través del amor. A algunas mujeres también les resulta complicado confiar lo suficientemente en los hombres como para aceptar la apertura de esta fase y la vulnerabilidad que conlleva. Otras mujeres ponen freno a las energías de esta fase por relacionar las energías de la Madre con el riesgo de embarazo.

Abrazar a la Madre interior, con independencia de la edad

Las energías de la Madre —cuando las aceptamos y son equilibradas— nos ofrecen una fase de amor y cuidados físicos, así como de creación y abundancia por medio de permitir y nutrir. Para equilibrar sus energías hemos de abrazar nuestra «mente sensible», soltar el impulso de la Doncella y fundirnos con la facultad de amar y empatizar de la Madre. Necesitamos conectar con los otros, mostrarles que nos importan con palabras y acciones sencillas y actuar con la intención de crear unas relaciones más armoniosas. También podemos abrazar sus energías nutricias a fin de crear proyectos con suficiente impulso para perdurar cuando nuestras energías se reduzcan en la fase de la Hechicera.

Con independencia de la edad, tengamos o no hijos, encarnamos a la Madre.

La Bendición del Útero y la sanación de la fase de la Madre

La energía de la Bendición libera y sana los sentimientos atrapados de dolor y ofensa y también cura las cicatrices que han mantenido cerrado nuestro corazón durante años. Desatasca los bloqueos que nos han impedido amarnos y aceptarnos a nosotras mismas, han obstaculizado nuestra confianza en los demás y en la Divinidad y son una barrera para la intimidad y el amor.

Las mujeres que reciben la Bendición del Útero en esta fase suelen sentirse emotivas, delicadas y afectuosas, y desean abrazar a quienes las rodean para expresar sus sentimientos de profundo amor por todas las cosas.

Durante nuestro nacimiento tras la sintonización, las energías trabajan con el arquetipo de la Madre para sanar nuestro corazón, nuestras relaciones y nuestros temores, así como para aportarnos la fuerza emocional para permanecer abiertas y vulnerables en el mundo. Podemos redescubrir la serenidad y la paz interior que nace de la autoaceptación y de sentirnos plenas y completas. También podemos sentir una compasión profunda y el resurgir del amor en nuestra vida, lo cual nos permite hacer sacrificios para apoyar a otras personas.

Si deseas vivir y trabajar más conscientemente con el despertar y la sanación del arquetipo de la Madre durante el mes posterior a la Bendición, consulta el capítulo 9.

ABRAZAR LOS ARQUETIPOS INTERNOS

EJERCICIO: ACEPTAR LAS ENERGÍAS DE LA MADRE DE LA LUNA LLENA

La siguiente meditación —basada en una visualización descrita en *Luna roja*— nos ayuda a conectarnos con las energías de la Madre. El arquetipo de la Madre está estrechamente unido a la naturaleza, pues experimenta el mundo a través de la sensualidad y los sentimientos. Esta meditación está basada en los sentimientos debido a la prevalencia de la «mente sensible» en esta fase.

Si recibes la Bendición del Útero en la fase de la Madre tal vez desees incluir esta meditación durante los días restantes de esta fase.

Siéntate en un jardín o en cualquier otro sitio desde el cual puedas ver árboles y plantas.

Fíjate en los vivos colores, la profundidad de las sombras y el resplandor de la luz del sol.

Ahora imagina, percibe o siente que el paisaje se fusiona para dar forma al hermoso vestido de la Madre Naturaleza. Reconócete como parte de su vestimenta y siente su presencia a tu alrededor.

Siente la paz y la armonía interior que ella te proporciona, así como el amor que bulle desde lo más profundo de tu ser cual si fuese un manantial. Todas las formas de vida que te rodean se conectan entre sí en el tejido de su traje y brillan en las energías creativas que irradian de ella.

Toma conciencia de la presencia de esas energías en tu interior que te conectan con todas la formas de vida. Siente su pulso en el corazón y en las manos, que tienen la necesidad de conectar, nutrir y cuidar.

Deja que estas energías se extiendan más allá de ti; tus propias necesidades ya no son importantes ante tu deseo de confortar, proteger y ayudar a sanar y aliviar el dolor ajeno.

Descansa en las energías de la Madre.

Cuando estés lista para terminar, lentamente, vuelve a prestar atención a lo que te rodea. Siente paz y amor por todo lo que ves y traslada estos sentimientos a tu vida diaria.

Conocer a la Hechicera del Otoño y la Luna Menguante

Cuando los árboles se tornaron naranjas y amarillos y comenzaron a caer las hojas, la hermosa Bruja del Otoño se encontró con la Primera Mujer recogiendo ramitas para encender un fuego.

La Bruja del Otoño llevaba puesto un abrigo hecho de plumas de cuervo y campanitas de plata que sonaban al andar. Sin decir ni una sola palabra, ayudó a la Primera Mujer a despejar el terreno de ramas caídas y prender un gran fuego.

Con un elegante gesto, encendió la hoguera con su magia y comenzó a danzar, entonando con sus pies el latido de la tierra.

Ya entrada la noche, la Primera Mujer y la Bruja del Otoño tejieron juntas la magia salvaje de la tierra y del aire, del fuego y del agua.

Una media luna de plata apareció en el cielo mientras la Bruja del Otoño danzaba, y en un remolino de luz y risa devolvió a la Primera Mujer el cuchillo que le había entregado la Mujer Búho.

El arquetipo de la Hechicera: adentrarse en la oscuridad

El arquetipo de la Hechicera es la energía del cambio, de soltar, de lo salvaje y de la conciencia espiritual. Ella es los tonos dorados de la tierra cuando la fuerza vital se repliega durante el otoño, la luz decreciente del rostro de la luna y las peligrosas corrientes de resaca de la marea baja. Ella es la luz solar debilitada y la creciente oscuridad del anochecer. La Hechicera nos ofrece estas energías mientras pasamos de la fase ovulatoria a la premenstrual.

La fase de la Hechicera inicia la danza de descenso a la acogedora oscuridad del centro del laberinto. Así como la luz del mundo exterior va desvaneciéndose poco a poco, también lo hace nuestra energía física, mental y emocional, y nuestra danza va volviéndose más pausada para pasar a ser una expresión de nuestra creciente conciencia espiritual. Quien inicia el descenso puede ser alguien muy diferente de quien descansa en el centro al final de la danza. En la oscuridad no hay ninguna luz que nos guíe, solamente la mano de la Hechicera y sus necesidades, su intuición y su magia. Se trata de la bruja bella y madura, la seductora hechicera, la diosa de la sexualidad y la magia y la diosa de los desafíos y el cambio. Es una diosa hermosa, autoempoderada, sexual, desinhibida y mágica.

Al igual que en las otras fases, en la fase premenstrual también experimentamos un nivel de conciencia dominante que en este caso es la mente subconsciente. La Hechicera nos hace descender de nuestro estado mental cotidiano y penetrar en el mundo mágicamente creativo del subconsciente, y las energías del útero se mantienen centradas fluyendo en espiral.

Para un gran número de mujeres se trata de la fase más difícil, pues tratan de cumplir las expectativas de un mundo que no acepta este descenso y, de este modo, padecen los efectos de una Hechicera descuidada. La imagen de bruja de la mujer premenstrual, que reprende y exige, presenta desafíos y amenazas, es desagradable e inconstante y se muestra irritada y agresiva, es la imagen de una mujer que no es libre de abrazar las energías de la Hechicera, incapaz de descansar y retirarse, así como de proporcionarse los cuidados que necesita, y que se siente amenazada debido al desconocimiento de su verdadera identidad y de los increíbles poderes creativos y espirituales que encarna.

No es de extrañar que tantas mujeres se sientan mal consigo mismas durante esta fase. Cuando los síntomas rompen las relaciones y dificultan la supervivencia, pueden escapar de esta fase interrumpiendo su ciclo; pero, al hacerlo, renuncian a sus energías femeninas en aras de una sociedad que es la causa y no la solución del problema.

Equilibrar las energías de la Hechicera

Con objeto de equilibrar a la Hechicera en nuestra vida, hemos de aceptar los cambios que acontecen en esta fase y cuidarnos a través de un mayor sueño y descanso, así como de expresiones creativas y espirituales. Las reacciones emocionales de la Hechicera pueden ser difíciles de controlar porque proceden directamente del nivel subconsciente y se producen antes de que intervenga la parte racional del cerebro.

Cuando menospreciamos nuestra necesidad creciente de descanso y retiro, es más probable que el cerebro primitivo considere como amenaza cualquier cosa que suponga una reducción de nuestras energías y lo ataque. Reprimir las energías de la Hechicera puede generarnos frustración, un sentimiento de vacío e impotencia y falta de autoestima.

Las mujeres que viven en un ambiente hostil suelen identificarse en exceso con la Hechicera a causa de la sensación de autoempoderamiento que pueden generar sus emociones extremas. Si bien podemos sentirnos poderosas albergando sentimientos de ira, cuando expresamos y atendemos las energías y necesidades de este arquetipo, nos amamos a nosotras mismas y, a través de ese amor, nos sentimos capacitadas para efectuar cualquier cambio que sea necesario en nuestra vida.

Aceptar las energías de la Hechicera

No es siempre fácil aceptar a la Hechicera, especialmente cuando se halla en un estado de desequilibrio y genera cambios bruscos de humor, dolor, molestias físicas, una actividad compulsiva y sentimientos de vacío, aislamiento, ansiedad y una retirada del mundo, súbita y profunda.

Numerosas mujeres son simplemente incapaces de aflojar el ritmo en la fase de la Hechicera debido a las fuertes presiones y expectativas, los plazos marcados y las responsabilidades de su vida; de este modo, se resisten a la invitación de la Hechicera a retirarse y descansar hasta que, agotadas de tener que oponer más y más resistencia, solucionan el problema con una terapia de supresión hormonal.

En el caso de otras mujeres que no tuvieron suficiente amor, aceptación y reconocimiento en su infancia, los patrones del subconsciente se valen de los «síntomas» de la fase de la Hechicera para expresar su necesidad de amarse y aceptarse a sí mismas.

A algunas mujeres, sin embargo, les encanta esta fase debido al torbellino de energía creativa y sexual, así como la honda inspiración, la gran conexión espiritual y la visión profunda asociados a ella. La Hechicera puede conceder dones asombrosos a las mujeres que pueden descansar más en esta fase, que pueden dedicar tiempo a la creatividad y la espiritualidad y que no temen adentrarse en su interior.

La creatividad de la Hechicera

La Hechicera nos otorga una mayor inspiración, impulsividad e intuición, una necesidad de limpieza y de espacio, y el poder mágico de manifestar. Nos aporta una creatividad que puede llegar a ser salvaje, resuelta y compulsiva.

Con objeto de mantener la paz y la armonía en esta fase, es oportuno tener un proyecto simple que nos permita liberar sus energías creativas. Lo importante no es el resultado de su creatividad, sino atender a su necesidad de expresarse en el mundo y experimentar la alegría salvaje de este proceso.

La espiritualidad de la Hechicera

La Hechicera se halla entre la luz y la oscuridad, entre lo interno y lo externo, y entre el mundo manifestado y el espiritual. Nos aporta el deseo de interactuar con el mundo espiritual, de encontrar orientación en lo profundo de nuestra intuición, y de crear la magia sencilla de la mujer sabia a base de hierbas y elementos naturales, así como la magia ritual de la sacerdotisa.

Vive una espiritualidad a su medida, libre de normas y restricciones, que se origina en su conexión espiritual con la Feminidad Sagrada.

La sexualidad y las energías de la Hechicera

La Hechicera también nos trae la magia de una energía sexual erótica, sensual y vibrante. Esta energía sexual —que tiene su origen en nuestro descenso dinámico a la oscuridad— constituye una afirmación de la vida y una respuesta a la disolución de las inhibiciones que encadenan a nuestro subconsciente durante el resto del mes. Si bien la sexualidad de la Hechicera puede ser más exótica, sensual y dominante que en las demás fases, también puede expresarse con una mayor vulnerabilidad y la necesidad de que nos conforten y nos tranquilicen.

Las energías de la Hechicera responden a la aceptación subconsciente de nuestro poder personal, nuestra autoaceptación y el amor que tengamos por nosotras mismas. Cuando no nos amamos ni nos aceptamos, nuestro deseo sexual puede volverse exigente y dominante, o bien necesitado y pegajoso. Cuando abrazamos nuestro viaje por el Laberinto, nos amamos y atendemos nuestras necesidades, incorporamos amor y equilibrio a las energías sexuales, excitantes y aventureras de esta fase.

Si bien al ir adentrándonos en la oscuridad experimentamos una reducción gradual de las energías físicas, a lo largo de este proceso podemos experimentar múltiples picos de energía. Al principio de la fase, estos picos de energía dinámica pueden ocupar la mayor parte del día, pero a medida que avanzamos su duración e intensidad van disminuyendo y empezamos a tener bajones de energía durante períodos más prolongados. Finalmente, los picos de vitalidad desaparecen y penetramos en las energías de la Anciana Bruja en la última fase del ciclo, lo cual significa una disminución progresiva del deseo sexual hasta convertirse en un breve chispazo que desaparece en cuestión de segundos.

Abrazar a la Hechicera, con independencia de la edad

La fase de la Hechicera nos impulsa a apartarnos de los deseos y necesidades cotidianos para concentrarnos en un aspecto de la vida más espiritual y profundo. Para equilibrar sus energías hemos de aceptar su magia, tal vez convirtiendo las tareas cotidianas en pequeños rituales, por ejemplo expresando deseos de salud mientras removemos los espaguetis en la olla. Hemos de mostrar más amor a nuestro subconsciente, haciendo cosas que nos resulten satisfactorias, y hemos de encontrar la forma de expresar la inspiración y creatividad de la Hechicera; sobre todo, en este mundo de actividad y conexión, necesitamos tiempo para retirarnos y quedarnos a solas con ella.

Al margen de la edad, encarnamos la magia de la Hechicera.

La Bendición del Útero y la sanación de la fase de la Hechicera

La sintonización de la Bendición del Útero puede ayudarnos a liberar memorias antiguas de ira y frustración y reconocer que en estos patrones subyace una falta de amor y aceptación por nosotras mismas. La Bendición nos permite considerar las acciones y pensamientos negativos de la fase premenstrual como mensajes que nos muestran esta carencia y nuestro desinterés por esta fase en nuestras vidas.

Durante nuestro nacimiento tras la Bendición, las energías trabajan con el arquetipo de la Hechicera a fin de liberar nuestros patrones, creencias y memorias subconscientes, y sanar las emociones negativas asociadas a ellos transformando estas emociones en amor y fortaleza. La Hechicera nos trae mensajes de temor para que podamos ver el camino del amor y crea un espacio para que la Anciana Bruja pueda transformar nuestras vidas. La energía de la Bendición también nos ayuda a redescubrir la espiritualidad natural de la Hechicera, a volver a despertar nuestra poderosa creatividad e inspiración intuitiva y a sentir alegría durante esta fase.

La fase de la Hechicera se caracteriza por una disminución de la energía; por esta razón, es importante que comamos de forma regular y saludable y durmamos más después de la sintonización de la Bendición del Útero, con objeto de proporcionar al cuerpo los recursos necesarios para dar soporte a los cambios energéticos. Cuando aceptamos esta reducción de las energías y esta retirada natural hacia la dimensión espiritual de la existencia, damos un paso más en el camino de retorno hacia nuestra feminidad auténtica.

La fase de la Hechicera puede resultar más intensa después de la Sanación del Útero, pues nos ayuda a deshacernos de lo que ya no nos sirve y permite la sanación y el crecimiento. De modo que hemos de ser suaves con nosotras mismas, dedicar tiempo a nutrir nuestro cuerpo y nuestras emociones, y reducir o priorizar las actividades, especialmente hacia el final de la fase. Las Moon Mothers ofrecen una Restauración del Equilibrio Energético Femenino que puede resultar sumamente beneficiosa en este momento.

Si deseas vivir y trabajar de forma más consciente con el despertar y la sanación del arquetipo de la Hechicera en el mes posterior a la Bendición, consulta el capítulo 9.

Ejercicio: Invocar las energías de la Hechicera de la Luna Menguante

La fase de la Hechicera nos aporta los dones de la creatividad y la inspiración salvajes. Con su varita mágica, podemos imaginar y hacer realidad cualquier cosa que deseemos; ¡esta es la razón por la que cuando tenemos un pensamiento negativo en esta fase nos parece tan real aunque no sea cierto!

En mi libro *Las 4 fases de la luna roja,* la mente subconsciente, la cual prevalece en esta fase, se compara con un cachorro que corre tras cualquier cosa que le lancemos. Nuestra «mente-cachorro» nos devuelve lo que le hemos arrojado junto con otras cosas parecidas que encuentra. Con objeto de mantenerla alejada de los pensamientos negativos que generamos, hemos de proporcionarle un material positivo con el que pueda entretenerse.

El siguiente ejercicio está basado en una meditación propuesta en *Las 4 fases de la luna roja.* Si recibes la Bendición del Útero en la fase de la Hechicera, tal vez desees incluirlo durante los días restantes de esta fase.

Escoge un problema que tengas que solucionar, o bien un tema para el que desees obtener orientación o inspiración.

Durante la fase de la Hechicera, simplemente deja que tu subconsciente intensificado procese el problema o asunto. No tienes que hacer nada, excepto permanecer receptiva a las ideas, impresiones y sincronicidades.

¡Cuando interaccionas activamente con los poderes intuitivos de la Hechicera y expresas su creatividad en el mundo te sientes bien!

Tanto las ideas como las sincronicidades pueden darse en cualquier momento, de modo que es conveniente que tengas a mano una libreta para apuntar las respuestas e ideas que vayan surgiendo, ya que en esta fase de declive de las habilidades mentales se nos pueden olvidar con facilidad.

Conocer a la Anciana Bruja del Invierno y la Luna Nueva

La tierra se hallaba cubierta por una gruesa capa de nieve cuando la Anciana Bruja del Invierno encontró a la Primera Mujer arrimada a un pequeño fuego. La Anciana Bruja del Invierno vestía pieles y telas andrajosas y se inclinaba sobre un bastón nudoso fumando una pipa. Aunque su rostro estaba surcado de arrugas, sus ojos brillaban con sabiduría.

Se sentaron juntas a mirar el fuego y la Anciana Bruja del Invierno sacó un tambor de debajo de sus pieles y lo calentó con el resplandor del fuego.

Después de un rato, la Anciana Bruja del Invierno comenzó a tocar y a cantar suavemente en voz baja. Cantó acerca de la creación del mundo, de la creación de la Primera Mujer, de los Primeros Animales, de la Gente de las Estrellas y de las profundidades del espacio; cantó acerca de la Madre Universal, de su amor y su espíritu presente en todas las cosas; cantó acerca de la Madre de la Compasión y el Amor, que sostiene al mundo con su cálido abrazo, y también acerca de la Madre Tierra, que nos viste con nuestro cuerpo y nos vivifica.

Cuando paró de cantar, sacó el cuenco de obsidiana de la Primera Mujer de debajo de sus pieles y se lo acercó.

—Te lo hubiera traído antes —se disculpó—, pero soy vieja y camino despacio.

Con los cuatro objetos de poder en su cinturón, la Primera Mujer sintió cómo el cuenco de su vientre se llenaba de nuevo con las aguas de la vida y la llama de la creación.

El arquetipo de la Anciana Bruja: el final del viaje

Si bien podemos usar nuestro diario y los primeros signos de sangrado para saber que estamos empezando a recibir las energías del arquetipo de la Anciana Bruja, son nuestros sentimientos personales los que nos señalan el inicio de la fase.

La Anciana Bruja se sitúa en el corazón del laberinto y es la energía del potencial, del equilibrio, del silencio, de la hibernación, de la muerte y del universo. Ella es la silenciosa quietud del invierno, la fuerza vital replegada de la hibernación, el rostro oculto de la luna y el vacío estatismo de la marea baja. Ella es el momento más oscuro de la noche antes de que la aurora dé comienzo al nuevo día. Cuando entra en nuestra vida con la menstruación, nos aporta quietud y profundidad.

En la fase de la Anciana Bruja prevalece la «mente del alma», la cual nos guía por medio de los sentimientos sinceros a fin de saber qué es lo importante para nosotras y cuál es nuestro propósito y dirección vital. Las energías de nuestro centro del útero descienden a la tierra y crean un fuerte vínculo con esta. Este arquetipo representa a la anciana sabia, la bruja vieja y solitaria, la diosa oculta del inframundo y la diosa de las almas y del renacimiento.

La Anciana Bruja nos ofrece la oportunidad de dejar atrás nuestro equipaje emocional. En la oscuridad del corazón del laberinto, podemos soltar las emociones y experiencias del mes que acaba y comenzar el viaje hacia la luz, sintiéndonos limpias y renovadas. La Anciana Bruja también intensifica la visión profunda y la conciencia, la capacidad para perdonar y soltar, y la conexión con una perspectiva universal. Nos ayuda a comprometernos con un nuevo camino y nos muestra que podemos ser sanadas, perdonadas y que nos merecemos una segunda oportunidad para hacer mejor las cosas, alineadas con la bondad de nuestra alma.

Equilibrar a la Anciana Bruja

Las energías de la Anciana Bruja se equilibran en nuestra fase menstrual con el descanso y el retiro. Cuando aceptamos nuestra lentitud, nuestro sosiego y nuestra falta de deseos, podemos sentirnos unidas espiritualmente con el universo y experimentar una certeza interior acerca de las decisiones correctas o la dirección que debemos tomar.

Si reprimimos las energías de la Anciana Bruja luchando contra su naturaleza, la escasa dedicación a sanar y restablecer nuestras energías en esta fase puede dejarnos cansadas y agotadas en la fase de la Doncella y a lo largo de todo el mes siguiente. Sin las energías de la Anciana Bruja en nuestra vida, también podemos sentir que nos falta una dirección o propósito.

A algunas mujeres la fase de la Anciana Bruja les ofrece un escape de la vida cotidiana, y la identificación excesiva con sus energías hace que vivan una espiritualidad sin contacto con la tierra y tengan dificultades para conducirse en la vida diaria.

Aceptar las energías de la Anciana Bruja

La fase de la Anciana Bruja puede constituir un enorme reto para numerosas mujeres. Si bien algunas se sienten sumamente aliviadas de que haya concluido la sensación de montaña rusa física, mental y emocional, a muchas otras, especialmente aquellas con trabajos que requieran agudeza intelectual y alto rendimiento, puede resultarles discapacitante.

Dado que vivimos en un mundo anclado en las energías arquetípicas de la Doncella, puede suponernos un gran desafío aflojar las resistencias y aceptar el flujo cíclico de nuestro cuerpo y nuestras habilidades. Puede resultarnos complicado emocionalmente retirarnos y descansar por sentirnos culpables de no ser productivas o de no «ser lo suficientemente buenas» si no nos ajustamos a las horas de trabajo de todo el mundo. Estos pensamientos activan nuestro instinto de supervivencia, y bien reprimimos esta fase para poder seguir activas, o bien nos sentimos abrumadas por la oscuridad que nos fuerza a descansar.

Si oponemos resistencia a esta fase nos perdemos los poderes restauradores y sanadores de la Anciana Bruja, nos cuesta perdonarnos a nosotras mismas, no escuchamos la orientación interna de nuestra alma ni tampoco experimentamos nuestra unidad inherente con el universo.

La creatividad de la Anciana Bruja

La Anciana Bruja es el magnífico poder que crea las estrellas y el alma de todo lo que está vivo. Su creatividad reside en la quietud y el vacío, un espacio destinado a llenarse con conocimiento interno, un suave sentimiento y una sabiduría intuitiva que trasciende las palabras. No hay necesidad de expresar nuestra creatividad externamente, basta con permanecer en quietud, albergar nuestra intención en el corazón y dejar que su vibración fluya por el mundo para expresar nuestro propósito.

La espiritualidad de la Anciana Bruja

A la Anciana Bruja no le interesa la espiritualidad intelectual ni los rituales interactivos o las expresiones mágicas. Su espiritualidad radica en la unidad de ser. Cada día constituye una meditación, una oración sin palabras y una interacción amorosa con la Feminidad Sagrada en todas sus formas.

La sexualidad y las energías de la Anciana Bruja

La espiritualidad y la sexualidad de la Anciana Bruja están fusionadas en una sensación de ser. Dado que un gran número de mujeres no experimentan un deseo apasionado de sexo en esta fase, esto suele malinterpretarse como una falta de energías sexuales.

La fase de la Anciana Bruja nos ofrece un enfoque sexual que unifica los sentimientos de soltar, de apertura al universo, de amor y confianza, y de una fusión profunda de las almas. El sentimiento de estar totalmente abierta y receptiva con nuestra pareja en una experiencia consciente convierte al sexo en una oración y una meditación espiritual sobre el amor.

A las mujeres que experimentan un deseo sexual activo durante esta fase puede resultarles más fácil alcanzar el orgasmo o experimentar un clímax más intenso. Pero al margen de lo activas que nos sintamos en este terreno, el sexo se convierte en una profunda expresión de la fusión sensual de las almas con la Divinidad.

Abrazar las energías de la Anciana Bruja, con independencia de la edad

La Anciana Bruja nos otorga el bello y poderoso don de un estado meditativo profundo que crea conexión, sanación y restauración, así como una aceptación natural de todas las cosas. Al abrazar las energías intensificadas en esta fase a través de parar, descansar, permanecer en quietud, meditar y dejar que el mundo continúe sin nosotras, «permitimos» que la vida tenga lugar sin nuestra intervención; cuando hacemos esto, la Feminidad Sagrada toma el mando y sucede algo mágico en nuestro cuerpo y en nuestra vida.

La Anciana Bruja nos ofrece el increíble don de renovarnos cada mes y poder llevar su sabiduría al mundo de la luz.

Independientemente de nuestra edad, encarnamos las energías de la Anciana Bruja sabia y estamos con un pie en el mundo y otro entre las estrellas.

La Bendición del Útero y la sanación de la fase de la Anciana Bruja

La sintonización de la Bendición del Útero nos permite tomar conciencia de las energías de quietud y conexión espiritual de la Anciana Bruja y aceptar que tienen un beneficio y un propósito en nuestra vida. Nos ayuda a ver la importancia del descanso en nuestra fase menstrual como el modo de conectar con este aspecto de nuestro ser. La Bendición también contribuye a la liberación de patrones negativos relativos al sangrado, no solo procedentes de nuestra educación y experiencias, sino también de nuestro linaje. Nos ayuda a recuperar la sacralidad de nuestra sangre y el período menstrual, a disfrutar de los dones de la Anciana Bruja y a aceptar las cosas tal como son con amor, incluidas a nosotras mismas.

Las mujeres que reciben la sintonización del Útero durante esta fase suelen experimentar intensas visiones y recibir orientación y conocimiento claros sobre su propósito en la vida. Tras la sintonización, es posible que sientan la necesidad de estar en silencio y quietud, de no hacer nada, o bien de dormir.

Durante nuestro nacimiento tras la sintonización de la Bendición del Útero, las energías trabajan con el arquetipo de la Anciana Bruja para eliminar los bloqueos profundos que cubren el diseño de nuestra alma femenina, a fin de permitir que su orientación y energías fluyan en nuestra vida. Al armonizarnos con nuestra alma y alinearnos con la Feminidad Sagrada podemos despertar al propósito de la Anciana Bruja; somos empoderadas con una transformación y un renacimiento profundos y redescubrimos la espiritualidad en medio del ajetreo de la vida moderna.

La Bendición del Útero puede adelantar o atrasar la fase de la Anciana Bruja, o bien aumentar o disminuir la duración o cantidad del sangrado. Esto se debe a que nuestro ciclo corporal se altera ligeramente con respecto al ciclo de la luna, lo cual hace que la ovulación y la menstruación se produzcan en una fase lunar diferente.

La alineación de nuestra menstruación con las fases lunares es un reflejo de nuestro camino y propósito actual en la vida. En ocasiones, cuando no escuchamos a la Anciana Bruja, nuestro enfoque vital y la orientación de nuestro ciclo se desalinean; la Bendición devuelve a nuestro ciclo a su alineación auténtica.

Podemos considerar esto como una señal maravillosa de que la energía está sanando y transformando tanto nuestro cuerpo como nuestra vida.

Si deseas vivir y trabajar de forma más consciente el despertar y la sanación del arquetipo de la Anciana Bruja durante el mes posterior a la Bendición, consulta el capítulo 9.

Ejercicio: Celebrar las energías de la Anciana Bruja de la Luna Nueva

Las energías de la Anciana Bruja suelen intensificarse durante los dos o tres primeros día de sangrado. Es importante que descansemos durante estos días para poder restablecer nuestra energía corporal y tener tiempo para meditar y fantasear a fin de conectar con la sabiduría de la Anciana Bruja y los deseos de nuestra alma.

Las tres meditaciones siguientes están diseñadas para ayudarte a conectar con el nivel de conciencia dominante en esta fase. Si recibes la Bendición del Útero en la fase de la Anciana Bruja, tal vez desees incluir las siguientes meditaciones durante los días restantes de esta fase.

Durante los tres primeros días de sangrado, enciende una vela y lee el mensaje correspondiente de la Feminidad Sagrada que aparece abajo.

Relájate y deja que las palabras penetren en tu ser y que su verdad resuene en lo más hondo.

Relájate un poco más y siente el amor y la sabiduría de la Anciana Bruja en tu interior.

Date cuenta de que, aquí y ahora, estás tocando el rostro de la Feminidad Sagrada.

Primer día de sangrado
La presencia de la Feminidad Sagrada se halla
en el silencio y la introspección.
Cada expresión de tu ser, cada momento de silencio,
cada acto introspectivo
es una oración que te conecta con la Feminidad Sagrada.

Segundo día de sangrado
Olvídate ahora de lo que los demás esperan de ti;
te hallas descansando en el corazón del laberinto.
Solo la voz de la Feminidad Sagrada importa.

Tercer día de sangrado
Viviendo en la presencia de la Feminidad Sagrada
nos transformamos
de dentro afuera, desde la profundidad de nuestro ser
hacia la luz del mundo.
Ahora, descansa en la oscuridad de la Feminidad Sagrada,
y cambia.

(Basados en *Mensajes espirituales para mujeres,* de Miranda Gray)

UNA GUÍA RÁPIDA DE LAS ENERGÍAS
Y ASOCIACIONES ARQUETÍPICAS

Si bien nuestra relación con nuestra naturaleza cíclica, con nuestras energías femeninas y con la Feminidad Sagrada es algo personal, existen multitud de experiencias de nuestras energías cíclicas que compartimos con otras mujeres.

La Feminidad Sagrada no consiste en normas y reglas sino en creatividad, exploración y juego. Podemos utilizar las experiencias e ideas de otras mujeres como *inspiración*, y luego explorar nuestro ciclo y nuestra relación única con la Divinidad Femenina.

Arquetipo de la Doncella	Arquetipo de la Madre	Arquetipo de la Hechicera	Arquetipo de la Anciana Bruja
Fase preovulatoria	Fase ovulatoria	Fase premenstrual	Fase menstrual
Luna creciente	Luna llena	Luna menguante	Luna nueva
Primavera	Verano	Otoño	Invierno
Crecimiento/ capullo	Abundancia/flor	Declive/fruto	Retiro/ hibernación
Energía externa	Energía externa	Energía interna	Energía interna
Chica joven	Mujer fértil	Mujer en la perimenopausia/ en los primeros años activos de la posmenopausia	Mujer mayor/ en los años pasivos de la posmenopausia
Doncella Flor	Madre Tierra	Hechicera/ Bruja hermosa y madura	Anciana Bruja sabia/ bruja fea
Crecimiento y maravilla	Maduración y experiencia	Cambio, transformación	Restauración, gestación y renacimiento
Blanco, amarillo, verde brillante	Blanco, rosa, verde oscuro	Morado, negro, azul oscuro	Negro, rojo, marrón, morado
Dama de la pureza	Dama de la compasión	Dama de los milagros	Dama de la gruta
Prevalece la mente pensante	Prevalece la mente sensible	Prevalece la mente subconsciente	Prevalece la mente del alma
Sexo dinámico/ actividad sexual lúdica	Sexo abundante/ actividad sexual emocional	Sexo erótico o «necesitado»/ actividad sexual mágica	Sexo espiritual/ actividad sexual pasiva
Espiritualidad idealista/basada en el intelecto	Espiritualidad amorosa/basada en las personas	Espiritualidad mágica/basada en la Tierra	Espiritualidad universal/basada en la unidad

Arquetipo de la Doncella	Arquetipo de la Madre	Arquetipo de la Hechicera	Arquetipo de la Anciana Bruja
Fase preovulatoria	Fase ovulatoria	Fase premenstrual	Fase menstrual
Elaborar listas/ planificar y estructurar	Cocinar/hacer cosas	Pintar cuadros inspirados/ escribir poesía intuitiva/danzar	Fantasear/ escuchar tu alma y tu corazón
Comenzar proyectos	Apoyar proyectos	Revisar proyectos	Descansar y reflexionar

EJERCICIO: LOS ARQUETIPOS Y SUS PUNTOS DE ENERGÍA INTERNOS

En una *Sanación del Útero-Restauración del Equilibrio Energético Femenino,* las Moon Mothers trabajan con los puntos de energía arquetípicos que forman una rejilla o entrada en el centro energético del útero de la receptora, con el fin de restaurar y equilibrar sus energías. La sanación genera una conexión y un flujo equilibrados entre los arquetipos para armonizar nuestro ciclo o bien para facilitar su proceso de fusión durante nuestro viaje a la posmenopausia.

Pues bien, existe otro conjunto de puntos energéticos aún más íntimos que podemos usar en una autosanación para contribuir a energizar los arquetipos, en especial sus vibraciones sexuales.

Esta meditación emplea una inspiración lenta y prolongada y una espiración relajada.

Siéntate en una posición cómoda y con la espalda erguida, o bien túmbate.

Toma conciencia del clítoris. Mientras respiras energía de la tierra, di en silencio «Doncella».

Espira lentamente.

Toma conciencia de tu punto G, en el interior de la entrada a la vagina. Inspira poco a poco diciendo en silencio «Madre».

Toma conciencia del cuello uterino, la entrada del útero. Inspira poco a poco diciendo en silencio «Hechicera».

Espira pausadamente.

Toma conciencia del útero y los ovarios. Inspira poco a poco diciendo en silencio «Anciana Bruja».

Espira lentamente.

Deja que la energía descanse en el útero y los ovarios mientras respiras normalmente.

Repite esta secuencia de respiración varias veces.

Practicar esta meditación puede facilitar el orgasmo o bien cambiar nuestra experiencia de este, especialmente en la fase anterior o posterior a la menopausia.

CICLOS INCLUIDOS EN OTROS CICLOS:
COMBINAR LAS ENERGÍAS ARQUETÍPICAS

La luna encima de la cabeza y la luna interior

El ciclo menstrual es una de las influencias fundamentales de las mujeres adultas, y afecta a todos los niveles de su ser. Cuando no estamos dominadas por las respuestas al estrés, cómo pensamos, sentimos y actuamos puede estar determinado por la fase que estemos experimentando y el nivel de conciencia y capacidades concretas que nos ofrece.

Pero existe otro factor que nos afecta a todas las mujeres: la influencia de la luna. Algunas de nosotras somos sumamente conscientes del efecto del ciclo lunar, especialmente si sus fases coinciden con nuestras propias fases cíclicas, pues puede acentuar nuestros sentimientos y experiencias. Por ejemplo, la luna creciente está asociada con las mismas energías arquetípicas de la Doncella de nuestra fase preovulatoria y, cuando ambas se combinan, podemos sentir un aumento de las energías dinámicas, mayores deseos de empezar nuevos proyectos y sentimientos más intensos de renacimiento y renovación. Cuando la fase de ovulación coincide con la luna llena, pueden aumentar los sentimientos de la Madre, tales como la suavidad, lo maternal, la compasión y la empatía; por su parte, la luna menguante puede destacar la magia, la intuición y la espiritualidad de la fase premenstrual de la Hechicera. Por último, la luna nueva, ausente del cielo, enriquece nuestra propia fase de retiro de la Anciana Bruja durante la menstruación y nos permite ahondar en el nivel de conciencia del alma y en la conciencia universal.

Las mujeres cuyo ciclo no esté en sintonía con el ciclo lunar o sea irregular, sin embargo, poseen un don asombroso: la experiencia de la fusión de diferentes energías arquetípicas. Se trata de algo semejante a cuando un pintor mezcla diversos colores para crear tonalidades nuevas y excitantes. Estas mujeres abarcan una rica paleta de experiencias a raíz de la combinación de su propia energía arquetípica con las distintas energías arquetípicas de la luna. Por ejemplo, una mujer que se halle en la fase de la Doncella durante la luna llena podría sentir una suavización de sus energías de Doncella y una dirección más altruista de sus metas y acciones.

Un ciclo que no está sincronizado con la luna nos proporciona una maravillosa experiencia polifacética con inspiración y sabiduría únicas acerca de la Feminidad Sagrada y una mayor comprensión de la bella creatividad y complejidad que supone ser mujer.

Estaciones que tocan el tambor, ciclos que danzan

Las estaciones también influyen en cómo nos sentimos durante nuestros ciclos. Las cuatro estaciones reflejan las energías de las cuatro fases de la luna, así como las energías de las cuatro fases del ciclo menstrual.

Cada estación nos rodea con las energías de uno de los cuatro arquetipos. Si somos cíclicas, puede enriquecer nuestra experiencia del arquetipo asociado de nuestro propio ciclo. Por ejemplo, el invierno puede realzar las energías de retirada de la fase menstrual de la Anciana Bruja y hacer que deseemos hibernar; la acelerada fuerza vital de la primavera puede aumentar nuestro impulso de ser sociables y dinámicas en la fase preovulatoria de la Doncella; las abundantes energías del verano pueden abrir nuestros corazones en la fase ovulatoria de la Madre; y las energías salvajes del otoño pueden evocar fuertes sentimientos de ser mágicas y creativas en la fase premenstrual de la Hechicera.

Cada estación ejerce además un efecto en las otras fases de nuestro ciclo que no estén asociadas directamente con ella. Por ejemplo, las energías dinámicas de la primavera se funden con las energías menstruales de la Anciana Bruja y nos convertimos en una «Anciana Bruja Dinámica»; en verano, nos influyen las energías de la Madre Tierra y nos convertimos en una «Anciana Bruja Amorosa»; en las menstruaciones que tienen lugar en otoño podemos expresar la «Anciana Bruja Mística», y en invierno retornamos de nuevo al estado puro de la Anciana Bruja durante la menstruación.

En los desiertos, las montañas y las zonas subtropicales, la tierra responde de forma diferente a las estaciones en comparación con los climas templados. La mitología y el folklore local, las celebraciones y los rituales, así como las observaciones y la intuición personales pueden guiarnos a la hora de reconocer las energías arquetípicas locales. Los ejercicios presentados a lo largo de estas páginas pueden ser adaptados fácilmente para trabajar con las cuatro estaciones del clima templado, y también pueden servir de inspiración a las mujeres que vivan en otros tipos de clima para crear su propio camino estacional de conexión con las energías arquetípicas.

Nuestra experiencia cíclica constituye una hermosa y única combinación de energías de la Feminidad Sagrada. Las influencias de los ciclos del cuerpo, la luna y la tierra son acumulativos; por ejemplo, podemos experimentar el efecto de «Anciana Bruja Triple» durante la fase menstrual en la luna nueva del invierno, o el efecto de «Doble Madre» durante la fase ovulatoria en la luna llena. Los arquetipos constituyen una parte fundamental de nuestras vidas, seamos o no conscientes de ello, y juntos nos ofrecen la oportunidad de un mayor bienestar y creatividad y revelaciones espirituales acentuadas.

LOS ARQUETIPOS Y LAS MUJERES NO CÍCLICAS

«¿Por qué tendrían que interesarme los arquetipos?
¡Si ya no tengo ciclo!»

Es extraño que para tantas mujeres el útero se convierta en un parte de su cuerpo poco importante y menospreciada una vez acaba su ciclo. El hecho de que las mujeres maduras consideren irrelevante su útero, a menos que el tránsito a la menopausia les genere molestias, es un triste reflejo de la sociedad moderna. Pero incluso si nuestro útero ya no es capaz de albergar un bebé, la energía del centro del útero está todavía en nosotras y aún portamos los cuatro arquetipos femeninos y sus energías. Si bien una Mujer Cíclica expresa estos arquetipos a través de sus fases cíclicas, para la mujer posmenopáusica las energías arquetípicas constituyen una parte intrínseca de su identidad y son la fuente de sus poderes «mágicos».

¿Qué sucede durante la menopausia?
El proceso de convertirnos en Mujeres Completas

Imagina una pantalla de lámpara con cuatro lados de diferente color. Como Mujeres Cíclicas, la vida va coloreándose con la luz de cada lado mientras viajamos alrededor de la pantalla;

experimentamos la vida a través de la percepción y las energías del arquetipo de la fase que estemos atravesando. Pero cuando ya no somos cíclicas, nos convertimos en la bombilla situada en el centro de la pantalla, cuya luz blanca contiene los cuatro colores.

Los cuatro arquetipos femeninos representan nuestra forma de percibir el mundo. Como Mujeres Cíclicas, el modo dominante en que vemos el mundo va cambiando a medida que recorremos las diferentes fases; pero como mujeres posmenopáusicas tenemos una oportunidad bien diferente: permanecer en el centro de nuestra conciencia en un quinto estado de nuestra feminidad que encarna los cuatro arquetipos por igual fusionados en uno solo. Nos convertimos en una Mujer Completa, encarnamos la totalidad de nuestro ciclo, la totalidad del ciclo de la luna y la totalidad del ciclo de las estaciones. Somos completas en nuestro ser, con la sabiduría de la Anciana Bruja, la viveza de la Doncella, el amor desinteresado de la Madre y la creatividad mágica de la Hechicera.

¿De qué modo nos ayuda la Bendición del Útero a convertirnos en Mujeres Completas?

El camino de convertirse en una Mujer Completa comienza con la perimenopausia y continúa después del cese de los ciclos menstruales. Lamentablemente, numerosas mujeres no logran alcanzar la plenitud de este maravilloso quinto estado, por no haber tomado conciencia de todos los aspectos de su sendero cíclico. Para producir luz blanca a partir del arcoíris se precisa una representación clara y equilibrada de todo el espectro de colores.

Al vivir desconectadas de nuestra naturaleza cíclica no aceptamos ni expresamos diversos aspectos de los arquetipos y sus energías. Durante el cambio de la feminidad cíclica a la no cíclica, los aspectos arquetípicos que no han sido abrazados previamente salen a la superficie para poder ser reconocidos e integrados en nuestro ser. Lo vemos manifestado en mujeres posmenopáusicas que dejan a sus parejas o sus familias por alguien más joven, al no haber expresado totalmente las energías salvajes de la Hechicera. Lo vemos en mujeres que deciden estudiar una carrera universitaria de repente al no haber desarrollado por completo las energías intelectuales de la Doncella. Otras mujeres dejan puestos muy bien remunerados por un trabajo vocacional de cuidar a otros, a fin de expresar su arquetipo de la Madre previamente restringido; y otras se van a viajar por el mundo a explorar diferentes espiritualidades para expresar las energías espirituales latentes de la Anciana Bruja.

El tránsito hacia una Mujer Completa puede producirnos temor y confusión si no reconocemos las necesidades y energías de cada arquetipo o la manera en que podemos encarnarlos de un modo suave y creativo sin alterar ningún aspecto de nuestra vida. Algunas mujeres nunca evolucionan por completo para ser Mujeres Completas, incluso si sus ciclos terminaron hace muchos años, por la represión de diversos aspectos de sus arquetipos y energías a causa de su cultura y su sociedad, o bien de sus creencias y experiencias vitales.

Tanto antes como después de la menopausia, nuestra confianza radica en el **conocimiento de las energías arquetípicas**, y nuestro empoderamiento reside en **reconocer estas energías cuando aparecen** y **ser capaces de satisfacer sus necesidades**. Sin un ciclo que se repita, un arquetipo puede prevalecer durante algunas semanas o meses, puede destacar durante un solo día o ¡incluso podemos experimentar dos o más arquetipos en el mismo día!

Sin una comprensión de los arquetipos, podemos sentir que estamos fuera de control y que nuestra identidad está colapsándose. Una vez nuestro ciclo menstrual se ha vuelto irregular o ha desaparecido totalmente, vivir más sintonizadas con el ciclo *lunar* puede ayudarnos a crear una relación amorosa con cada arquetipo, dejar salir las energías arquetípicas en nuestras vidas sin confusión ni temor y expresar nuestras energías y dones en la vida cotidiana. Conectar con nuestro centro del útero puede ayudarnos igualmente a reconocer su presencia, como la asombrosa fuente de nuestras energías femeninas y el hogar de nuestra alma.

La Bendición del Útero es tan importante para las mujeres perimenopáusicas y posmenopáusicas como para las Mujeres Cíclicas.

La Bendición del Útero nos ayuda a vivir la transformación de una Mujer Cíclica en una Mujer Completa con autoaceptación y empoderamiento, y de un modo bellamente equilibrado y armonioso. No necesitamos esperar a que la presión del arquetipo que necesita expresarse sea tan fuerte que llegue a perturbar nuestra vida debido a su intensidad; en lugar de eso, cada Bendición del Útero despierta estos aspectos, de modo que podamos aceptarlos con gracia y expresarlos con pequeños gestos durante nuestra vida diaria.

La Bendición del Útero nos ayuda a deshacernos de antiguos patrones de temor y restricción de nuestras vidas y de nuestra línea materna, a despertar aspectos olvidados de los arquetipos y a sentir que la forma de feminidad que estamos adoptando —o ya hemos adoptado— es una expresión tan bella, maravillosa, válida y poderosa como la de una mujer fértil.

La *Sanación del Útero-Restauración del Equilibrio Energético Femenino* ofrecida por las Moon Mothers también puede apoyarnos en nuestro viaje hacia la completitud. Las Moon Mothers trabajan con los puntos de energía arquetípicos del interior del organismo para eliminar bloqueos y restablecer la energía a los aspectos arquetípicos que **ya están activos** en nuestra vida. Esta sanación nos ayuda a equilibrar suavemente el flujo energético entre los arquetipos y fusionarlos en la Mujer Completa. La *Mentoría de la Bendición del Útero* ofrecida por Moon Mothers avanzadas resulta especialmente fortalecedora para las mujeres que se hallan en las fases previa y posterior a la menopausia.

La menopausia no significa envejecer, sino crecer

Como Mujeres Completas somos la expresión última de la mujer. Podemos ser Mujeres Completas que se hallan en la fase vital de la Hechicera, participando activamente en el mundo como mujeres maduras y mentoras que construyen el futuro, o bien podemos ser Mujeres Completas que se hallan en la fase vital de la Anciana Bruja, que se encuentran fuera de la sociedad, custodios de sabiduría espiritual, portadoras de quietud y guías hacia la unidad.

La fase vital de la Doncella es una línea; la fase de la Madre, un círculo; la fase de la Hechicera, una espiral, y **la fase final de la madurez femenina es el único punto de la Anciana Bruja.**

EJERCICIO: RECARGAR DE ENERGÍA TUS ENERGÍAS FEMENINAS: LA RESPIRACIÓN DEL CALDERO

Este ejercicio de respiración trabaja con el aspecto físico del centro del útero (denominado el *Caldero*) a fin de favorecer el flujo energético hacia y en el interior de dicho centro. Un centro del útero energizado ayuda a las mujeres perimenopáusicas y posmenopáusicas a sentirse centradas, fuertes, serenas y completas. También contribuye al despertar y la disponibilidad de las energías sexuales.

La respiración se centra en los tres arquetipos de luz de las energías femeninas: la Doncella, la Madre y la Hechicera; la cuarta fase de la Anciana Bruja se encuentra en la pausa silenciosa que se produce entre la inspiración y la espiración.

Realiza una breve inspiración contrayendo un poco la musculatura de la zona inferior del abdomen, metiéndola ligeramente hacia dentro. Di en silencio «Doncella».
Inspira y contrae un poco más. Di en silencio «Madre».
Inspira y contrae un poco más todavía. Di en silencio «Hechicera».
Haz una pausa. Pronuncia mentalmente «Anciana Bruja».
Espira, relajando suavemente en tres etapas los músculos contraídos.

Podemos practicar la Respiración del Caldero varias veces en una sesión e incluso varias veces al día. No es necesario llevarla a cabo en un escenario especial. Esta respiración constituye una práctica diaria que tonifica y fortalece la musculatura abdominal.

Esta meditación puede energizar y ser de gran ayuda **a las mujeres posmenopáusicas, perimenopáusicas o premenstruales.**

Ser una Mujer Completa: equilibrar los arquetipos todos los días

Las mujeres posmenopáusicas tienen acceso a los cuatro arquetipos. Con objeto de reunirlos para fusionarlos en una totalidad, podemos conectarnos conscientemente con cada uno de ellos y expresar sus energías de forma intencionada cada día con pequeñas actividades:

Doncella:
Realizar tareas intelectuales y hacer ejercicio físico.
Diez minutos al día hacer cuentas o dar un paseo corto.

Madre:
Centrarse en el corazón y compartir amor a través de actividades solidarias.
Diez minutos al día realizar labores de jardinería o prepararle a alguien un café de forma espontánea.

Hechicera:
Emprender proyectos creativos y dedicar tiempo a actividades espirituales.
Diez minutos al día escribir un poema o colorear un mandala.

Anciana Bruja:
Descansar y escuchar la guía de tu corazón.
Diez minutos al día practicar meditación *mindfulness* o cerrar los ojos simplemente.

Cuando expresamos intencionadamente los cuatro arquetipos cada día, comenzamos a percibirlos como parte de nuestra identidad. Además, nos sentimos bien por estar satisfaciendo nuestras necesidades arquetípicas y expresando nuestra naturaleza femenina auténtica.

Bienestar esencial para la menopausia:
Necesitamos 4 dosis de los arquetipos cada día. Una cantidad de la Doncella, de la Madre, de la Hechicera y de la Anciana Bruja.
¿Estás recibiendo diariamente tu parte de los cuatro?

El mundo necesita la belleza y la sabiduría
de la Mujer Completa

Si bien toda mujer es única, también compartimos muchas cosas en común. Al trabajar con los arquetipos, podemos compartir nuestras experiencias y las expresiones de su energía, y de este modo otras mujeres también sentirán la resonancia y la llamada de sus propios arquetipos internos. Podemos conectar con otras mujeres que no tengan ciclo e invitarlas a unirse al camino de las Bendiciones Mundiales del Útero, a fin de ayudarlas a despertar y abrazar todos los aspectos de su feminidad auténtica. Podemos contribuir a que sientan que su feminidad es un don, que la transformación hacia una Mujer Completa es mágica y las empodera, y que además de ser un órgano, el útero es un centro de energía sagrado que integra a nuestra alma, nuestra creatividad y nuestra espiritualidad.

El mundo necesita la belleza y la sabiduría de las Mujeres Completas, mujeres de profundidad y revelaciones, de magia y creatividad, que están conectadas a la Feminidad Sagrada como sus representantes naturales.

> El mundo necesita mujeres que sean
> una luz blanca además de un arcoíris.

EJERCICIO: ABRAZAR A LA MUJER COMPLETA:
ACOGER LOS DONES DE SUS CUATRO ROSTROS

Además de estar asociados con el ciclo menstrual, las fases de la vida, de la luna y de las estaciones, los arquetipos también se relacionan con las cuatro direcciones. El siguiente ritual diario puede ayudarte a reconocer los arquetipos de tu interior y expresar sus dones en tu vida.

Permanece de pie mirando hacia el este con los brazos extendidos.

Di en alto: «Poseo la claridad de una Doncella».

Mira hacia el sur y di: «Poseo el amor de una Madre».

Mira hacia el oeste y di: «Poseo la magia de una Hechicera».

Mira hacia el norte y di: «Poseo la paz y la calma de una Anciana Bruja».

Levanta los brazos y di:

«Soy todas las cosas.

Soy la totalidad del ciclo de la luna,
la totalidad del ciclo de las estaciones,

la totalidad del ciclo de la vida y
la totalidad del ciclo de las estrellas,
en una».

Cruza las manos sobre el corazón y di:

«Soy una mujer completa en sí misma».

Toma conciencia de que eres una mujer asombrosa llena de poder, misterio, magia y amor.

MUJERES QUE NO TIENEN CICLO

Mujeres sin ciclo que danzan con la luna

Durante la menopausia, cuando dejan de afectarnos los cambios hormonales cíclicos, el ciclo lunar se vuelve más importante e influyente. Las mujeres que siempre hayan tenido ciclos irregulares, o un ciclo con tendencias opuestas a las energías arquetípicas del ciclo lunar (ovulando en la luna nueva), finalmente tienen la oportunidad de vivir alineadas con las energías arquetípicas de la luna. Si bien a medida que se adentran en la fase de la posmenopausia puede que no sean conscientes del tránsito hacia la alineación lunar, si comienzan a vivir conscientemente en sintonía con el ritmo de la luna, sus arquetipos femeninos se vuelven más accesibles y equilibrados y les suscitan sentimientos de plenitud.

Cualquier mujer sin ciclo, incluidas las mujeres posmenopáusicas, las embarazadas, las que sigan un tratamiento anticonceptivo, las que no tengan útero, así como las que presenten ciclos irregulares, puede emplear los ejercicios de arquetipos femeninos aquí descritos en asociación con las fases de la luna, a fin de **potenciar los cambios y el despertar de la sintonización de la Bendición del Útero.**

Cualquier mujer que no tenga ciclo puede vivir en armonía con los cuatro arquetipos femeninos danzando el ciclo de la luna. Esto significa simplemente vivir sus vidas llevando a cabo actividades que resuenen con el arquetipo de la fase lunar en la que se encuentre la luna.

Recorrer el ciclo de la luna: la fase de la Anciana Bruja

Tres días antes y después de la luna nueva

Las energías de la Anciana Bruja son más intensas durante la luna nueva, y al cabo de unos días van transformándose en las energías dinámicas de la Doncella. Al igual que una mujer con un ciclo menstrual, descansamos durante la oscuridad de las energías de la Anciana Bruja y utilizamos este tiempo para meditar, reflexionar y sentirnos conectadas con la unidad del universo. Nos movemos despacio, tomamos comidas sencillas y dedicamos un tiempo para recibir orientación interna.

Recorrer el ciclo de la luna: la fase de la Doncella

Tres días después de la luna nueva y tres días antes de la luna llena

La luna creciente aparece en el cielo entre un día y medio y tres días y medio después de la luna nueva, dependiendo de la orientación de la Tierra y el Sol, y con ella comienzan a fluir las energías de la Doncella. Al principio se mueven despacio como en el ciclo menstrual y podemos experimentar unos «días de transición» en los que sintamos en nuestro interior tanto las energías de la Anciana Bruja como las de la Doncella. Con la luz iluminando el rostro de la luna, comenzamos a estar cada vez más activas en el mundo, haciendo ejercicio, iniciando proyectos y aprendiendo cosas nuevas. Al igual que una mujer en su fase preovulatoria, ¡somos multitareas y retomamos las actividades mundanas con confianza!

Recorrer el ciclo de la luna: la fase de la Madre

Tres días antes y después de la luna llena

Las energías de la Madre son más fuertes durante los días de luna llena, y al cabo de unos días comienzan a cambiar hacia las energías de la Hechicera, cada vez más introspectivas. Al igual que la fase ovulatoria, esta fase nos trae energías de plenitud, resplandor, amor y cuidados. Es tiempo de conectar con otros y ofrecerles apoyo y afecto, así como de mostrar nuestro amor y nuestro agradecimiento. Nos movemos con gracia sensual, tocando a los demás, plenas y satisfechas.

Recorrer el ciclo de la luna: la fase de la Hechicera

Tres días después de la luna llena y tres días antes de la luna nueva

La imagen de la luna menguante resuena profundamente en nuestro interior, y es una imagen de magia y oscuridad. Anuncia un tiempo de descanso, espiritualidad, intuición y creatividad inspirada crecientes. Al igual que una mujer premenstrual, tenemos acceso a una sensualidad sexual, a una mayor quietud interior y al deseo de expresar la espiritualidad y creatividad que fluye en nosotras.

Arquetipo de la Doncella	Arquetipo de la Madre	Arquetipo de la Hechicera	Arquetipo de la Anciana Bruja
Luna creciente.	Tres días antes y tres días después de la luna llena.	Luna menguante.	Tres días antes y tres días después de la luna nueva.
Planificar, actuar, comenzar proyectos.	Mostrar más afecto y apoyo a los demás.	Dedicar tiempo a una actividad creativa o espiritual.	Descansar y reflexionar sobre el mes y el camino por delante.
Danzar y estar activa físicamente.	Conectar con la naturaleza.	Deshacerte de lo viejo.	Cuidarte a ti y a tu cuerpo.
Meditación basada en la concentración (mirar una vela).	Meditación caminando (consciente de tus sentidos y tu experiencia del mundo que te rodea).	Meditación-visualización (imaginarte una escena y caminar por ella).	Meditación centrada en el ser (observar la respiración).
Actividad sexual lúdica o coqueta.	Actividad sexual romántica o sensual.	Actividad sexual aventurera o reconfortante.	Actividad sexual meditativa o espiritual.

Mujeres sin ciclo que danzan con las estaciones

Puede que algunas mujeres posmenopáusicas o que no tengan ciclo sientan las energías cambiantes de las estaciones con mayor intensidad que las energías de las fases lunares; en este caso, pueden transitar la senda de los arquetipos a través de las estaciones para comprender, equilibrar y expresar mejor las energías arquetípicas de su interior.

Arquetipo de la Doncella	Arquetipo de la Madre	Arquetipo de la Hechicera	Arquetipo de la Anciana Bruja
Primavera	Verano	Otoño	Invierno
La Madre Tierra es joven y florece.	La Madre Tierra es sexual y da a luz.	La Madre Tierra prepara el terreno y produce las semillas del crecimiento futuro.	La Madre Tierra menstrúa y descansa.
La tierra empieza a despertar.	La tierra es fértil y abundante.	La tierra comienza a dormirse.	La tierra reposa y restaura sus energías.
Iniciar proyectos, ser más activa, divertirse.	Cuidar de otros, ser práctica y ayudar.	Hacer limpieza, emplear la intuición, estar inspirada y ser creativa.	Descansar, escuchar la sabiduría de tu alma.

Vivir la vida para completarnos

Como en todo trabajo con las energías arquetípicas femeninas, es importante escuchar nuestros sentimientos y nuestro cuerpo con el propósito de que nos guíen en nuestra relación única con la Feminidad Sagrada; pero también hemos de mirar hacia arriba por la noche para ver la fase de la luna; hemos de caminar por la naturaleza para sentir sus energías, y hemos de escuchar nuestro útero y la llamada de nuestro corazón.

CAPÍTULO 9

EL CAMINO DEL VIVIR CONSCIENTE DE LA BENDICIÓN DEL ÚTERO

—¡Estoy completa! —gritó la Primera Mujer comenzando a dar vueltas con los objetos de poder en su cinturón. Después, se giró hacia la Anciana Bruja del Invierno y le preguntó:
—¿Y qué hago ahora?
La Anciana Bruja del Invierno chupó intensamente su pipa y sonrió.
—Aquello que desees —respondió.

Entre una Bendición y otra: vivir nuestra feminidad auténtica

A medida que recorremos cada fase del ciclo después de la sintonización de la Bendición del Útero, la energía disuelve los obstáculos y nos permite aceptar más plenamente cada arquetipo. Con objeto de apoyar este proceso de despertar podemos trabajar conscientemente con el arquetipo de cada fase para reconocer su presencia. Podemos descubrir sus dones y expresar sus maravillosas energías en nuestra vida diaria.

Recorrer el Camino: un viaje para todas las mujeres

¿Por qué seguir este Camino?

El Camino de la Bendición del Útero consiste en una serie de actividades alineadas con el ciclo menstrual, el ciclo lunar y las estaciones, cuyo objetivo es ayudar a las mujeres con o sin ciclo a trabajar conscientemente con las cuatro energías arquetípicas.

Si bien el Camino está diseñado para potenciar la sintonización de la Bendición del Útero, cualquier mujer puede utilizarlo en cualquier momento.

Esta senda ayuda a **todas las mujeres** a:

- Asentar los cambios energéticos realizados durante la sintonización tanto en su cuerpo como en su vida.
- Potenciar y apoyar su nacimiento a una mujer nueva tras la armonización.
- Abrazar y celebrar los cambios y la sanación que se producen durante el nacimiento.
- Construir una relación amorosa, expresiva y armoniosa con su centro del útero, los arquetipos y la Feminidad Sagrada entre una Bendición y otra.
- Permanecer conectada con las energías arquetípicas a lo largo del mes.
- Aumentar la confianza y el empoderamiento entre las Bendiciones.
- Crear un ciclo más equilibrado y armonioso.

El Camino de la Bendición del Útero nos ayuda a seguir creciendo mediante un amoroso diálogo entre nosotras y el centro del útero, los arquetipos y nuestra naturaleza cíclica.

> El Camino de la Bendición del Útero consiste en
> apoyar los cambios realizados durante
> la sintonización de la Bendición del Útero,
> continuando creciendo y sanándonos entre Bendiciones,
> y descubriendo
> cómo podemos sentir amor, alegría, bienestar
> y satisfacción en todas las fases, cada mes.

Las claves del Camino

- Concédete permiso para ser quien eres.
- Permítete expresar quién eres en cada fase.
- Lleva a cabo una actividad que esté en armonía con las energías del arquetipo de cada fase.
- Todo pasará, de modo que disfruta de los dones mientras los tengas y ten presente que cualquier reto que aparezca también pasará.
- El mundo no nos pone fácil llevar una vida femenina consciente, de modo que sé realista y flexible.
- Sé consciente de tu cuerpo, tu forma de pensar, tus emociones y tus sentimientos: así es como reconocerás los arquetipos en tu interior.
- Crea tu propio lenguaje e imágenes para los arquetipos.

Recorrer el Camino de la Bendición del Útero
si tienes un ciclo menstrual

Por motivos prácticos, el Camino de la Bendición del Útero consta de 28 días, la duración media de un ciclo, lo cual significa que numerosas mujeres tendrán un ciclo natural más corto o más largo.

Si ese es tu caso, es posible que notes un cambio en tus energías algunos días antes o después del día señalado, pero no te preocupes: el camino es una danza, de modo que sé flexible y adaptable, y deja que tu cuerpo y tu intuición te indiquen qué hacer. Si prefieres saltarte una fase, haz los ejercicios de la fase siguiente; si prefieres repetir ciertas actividades, disfrútalas de nuevo. Si te sientes atraída por actividades de una fase completamente diferente, llévalas a cabo si así lo sientes.

En este camino no existen reglas para danzar con la Feminidad Sagrada; he aquí la única directriz: la atracción hacia una actividad o un pensamiento es la señal de tu intuición de que están en sintonía con el arquetipo de la fase de tu ciclo.

Recorrer el Camino de la Bendición del Útero si no tienes un ciclo menstrual o tienes un ciclo irregular

Si no tienes un ciclo o tienes un ciclo irregular, puedes transitar el camino realizando las actividades y sugerencias durante la fase lunar asociada con cada arquetipo, indicada al principio de cada sección.

Es posible que las mujeres que no tengan ciclo por estar embarazadas o en período de lactancia sigan percibiendo un ciclo energético en su cuerpo.

Acerca del ejercicio del Cuenco de la Atención

Cuando empezamos a recorrer conscientemente el camino del ciclo menstrual, puede resultarnos complicado darnos cuenta de adónde nos dirigimos, dónde hemos estado y quiénes somos. En el Camino de la Bendición del Útero vamos a utilizar nuestros cuencos del útero —los dos cuencos que empleamos para las Bendiciones Mundiales del Útero— para que nos ayuden a ver nuestros cambios.

Necesitarás tus dos cuencos del útero y alrededor de 14 piedras blancas y 14 piedras negras. Limpia las piedras bajo el agua corriente, deja que se sequen y colócalas en uno de tus cuencos. Cada día de este mes, vas a coger una piedra blanca o negra, dependiendo de la fase, y situarla en el otro cuenco, que ahora se denomina tu **Cuenco de la Atención**.

El ciclo menstrual constituye un viaje que se inicia en el mundo externo, se adentra en el mundo interior del espíritu y regresa al exterior de nuevo. Se trata de un camino diario de energías cambiantes, dinámicas y receptivas reflejadas en la luz de la luna creciente y menguante. Las piedras negras y blancas de nuestro Cuenco de la Atención nos ayudarán a reconocer nuestros cambios graduales mientras su número aumenta o disminuye.

Al transitar el Camino de la Bendición del Útero y colocar tus piedras en el Cuenco de la Atención tomarás mayor conciencia de la bella naturaleza en movimiento de tu ciclo y el modo en que danzas por esa senda de la luz a la oscuridad y de vuelta a la luz.

*El Camino
de la Bendición
del Útero*

Fase de la Anciana Bruja-Luna Nueva, días 1-6 del ciclo

**En la amorosa oscuridad
la Feminidad Sagrada te otorga la capacidad
de renovar la fuerza y la confianza.
Para recibirla:
simplemente sé.
Nada del mundo exterior es más importante.**

(Basado en *Mensajes espirituales para mujeres*, de Miranda Gray)

Mujer cíclica	Ciclo menstrual	Fase menstrual: aproximadamente, días 1-6 del ciclo
Mujer no cíclica	Ciclo lunar	Luna nueva: 3 días antes de la luna nueva - 3 días después de la luna nueva
	Ciclo estacional	Invierno

En la oscuridad, esperamos

Hoy nos sentamos en la oscuridad del centro del laberinto. Aunque se trate del día 1 del ciclo, no constituye el principio de nuestro ciclo energético, que tiene lugar en la primavera, el primer día de luna creciente y el comienzo de la fase preovulatoria. De momento, esperamos, descansando y disfrutando del placer de habernos retirado del mundo.

Día 1 del ciclo: el Cuenco de la Anciana Bruja

Necesitarás:

- Un cuenco del útero, denominado el *Cuenco de la Atención*.

- Un cuenco del útero que contenga 14 piedras bancas y 14 negras, o incluso más dependiendo de la duración de tu ciclo.

Esta **noche** siéntate con el Cuenco de la Atención apoyado en tu regazo.

Cierra los ojos y toma conciencia del centro del útero. Imagina, percibe o siente un bello caldero situado en la zona pélvica. Mantén esta imagen en la mente y permanece abierta a las experiencias y sentimientos que te suscite.

Si acabas de comenzar el Camino de la Bendición del Útero, coge una piedra negra y colócala en el Cuenco de la Atención vacío.

Si ya transitas el Camino de la Bendición del Útero, observa el número de piedras que alberga el Cuenco de la Atención. Percátate de cómo las piedras negras reflejan tus experiencias de retirada y energías internas crecientes de la fase de la Hechicera. Has viajado desde el luminoso mundo exterior hasta el corazón del laberinto, donde se halla la cueva de tu alma que te conforta y abraza. Añade una piedra negra a tu Cuenco de la Atención y extrae las piedras blancas si todavía quedara alguna.

Mientras colocas la piedra negra en el Cuenco de la Atención di:

> **Desde la creciente oscuridad, me detengo en la oscuridad absoluta.**
> **Desde la Hechicera me suavizo en la Anciana Bruja de la Luna Nueva.**
> **La necesidad de mostrarme salvaje da paso a la necesidad de «ser».**

Mantén el Cuenco de la Atención apoyado sobre tu regazo y durante unos minutos dedícate a sentir lo que supone para ti este cambio.

Cuando estés lista, conecta con la Madre Tierra imaginando que de tu Árbol del Útero salen raíces que se adentran en las profundidades de la Tierra.

Ahora sitúa los cuencos en algún lugar que te permita verlos a lo largo del día.

Día 2 del ciclo: abrirse a la Anciana Bruja

El Cuenco de la Atención

Esta **noche** siéntate con el Cuenco de la Atención apoyado en tu regazo.

Cierra los ojos y toma conciencia del centro del útero. Imagina, percibe o siente un bello caldero situado en la zona pélvica. Mantén esta imagen en la mente y permanece abierta a las experiencias y sentimientos que te suscite.

Coloca otra piedra negra en el Cuenco de la Atención, en reconocimiento de tu retirada, y di:

Me abro a la Anciana Bruja de la Luna Nueva.
Acojo sus energías de quietud, sabiduría y amor.
La expreso libremente en mi vida.
Mañana...

Añade una acción o actividad que pienses llevar a cabo mañana para expresar las energías de la Anciana Bruja y cómo te sientes. Si no se te ocurre nada, permanece un rato con el Cuenco de la Atención posado sobre tu regazo y solicita a la Anciana Bruja que te inspire. Recuerda que puedes darte permiso para «no hacer nada», «descansar» o «mirar por la ventana».

Conectar con tus energías

Coge un trozo de cinta o hilo de un color que simbolice las energías de la Anciana Bruja para ti. Podría ser negro, carmesí o bien azul oscuro.

Ata el hilo alrededor de la muñeca y llévalo a modo de pulsera durante esta fase como una afirmación positiva de las energías de la Anciana Bruja y un recordatorio de quién eres.

Día 3 del ciclo: la Anciana Bruja y la Meditación de la Bendición del Útero

El Cuenco de la Atención

Comienza repitiendo esta **noche** el ejercicio del Cuenco de la Atención del día 2 del ciclo.

Conectar con tus energías

Esta **noche** practica la Meditación de la Bendición del Útero (hallarás el texto al inicio del libro), dedicando un rato a visualizar cada parte de la meditación. Tal vez descubras que en esta fase profundizas más en ella, experimentas una mayor sensación de unidad y eres más consciente de tu conexión con la Feminidad Sagrada.

- ¿Qué has sentido o visto durante la meditación?
- ¿Qué deseabas hacer después de la meditación?

Fíjate en cualquier nueva percepción o conocimiento que surja en tu mente durante los próximos días.

Día 4 del ciclo:
expresar las energías sexuales de la Anciana Bruja

El Cuenco de la Atención

Comienza repitiendo esta **noche** el ejercicio del Cuenco de la Atención del día 2 del ciclo.

Conectar con tus energías

Para numerosas mujeres esta fase supone unos días sin actividad sexual; puede que te parezca demasiado complicado o embarazoso, o que solo tengas ganas de dormir. Si bien algunas mujeres tienen deseo sexual, a otras les desaparece por completo.

La fatiga propia de esta fase no tiene por qué impedir las relaciones sexuales, sino que cambia el modo de enfocarlas. Si en lugar de percibirnos cansadas nos imaginamos en los brazos de las energías de la Anciana Bruja, podremos centrarnos en nuestra sensualidad y conciencia espiritual. Tener una relación sexual suave y pausada —en la que nuestra pareja haga el trabajo— constituye una bella oración a la Feminidad Sagrada. Experimentemos o no un orgasmo, o nos mantengamos o no despiertas, habremos ofrecido una oración física a la Feminidad Sagrada a través de nuestro cuerpo y nuestro amor mutuo.

Hoy percátate de la sensualidad espiritual de las energías sexuales de la Anciana Bruja. Considera cada toque o roce como una caricia, un compartir tu amor espiritual con el mundo que te rodea.

Si tienes pareja, comparte tu comprensión de tu naturaleza sexual en esta fase y experimentad juntos adónde se dirige vuestro amor físico.

Es posible que tu percepción del sexo sea diferente al principio y al final de esta fase. El mes siguiente prueba a realizar este ejercicio otros días a fin de tomar mayor conciencia de tus energías cambiantes.

Día 5 del ciclo: portar las energías de la Anciana Bruja

El Cuenco de la Atención

Comienza repitiendo esta noche el ejercicio del Cuenco de la Atención del 2 día del ciclo.

Conectar con tus energías

La Anciana Bruja es la Madre del Cosmos y la Madre Oscura de las Almas. Solo nuestro miedo al envejecimiento y la muerte impide que veamos su verdadera naturaleza de belleza y amor. Reserva un tiempo para apartarte del mundo. Crea un refugio de silencio y quietud a fin de sentir a la Anciana Bruja en tu interior y experimentar su sabiduría y sus dones de visión profunda, restauración y unidad.

Siéntate o túmbate en una posición cómoda; cierra los ojos y respira hondo.

Imagina, percibe o siente que estás sentada con la espalda apoyada en un majestuoso Árbol del Útero cuyas raíces se adentran en las profundidades de la tierra y cuyas ramas alcanzan el cielo nocturno tachonado de estrellas.

En el cielo, por encima de las ramas, solo se divisa oscuridad y la belleza de las estrellas.

Dirige tu atención al útero y el centro del útero, y siente o percibe un gran cuenco que descansa en el espacio pélvico, lleno de agua oscura.

Percátate de que la oscuridad es siempre constante, mientras la luna y tus energías fluyen a través de las fases de la luz.

Realiza una respiración profunda y relájate. Ábrete a la presencia de la Anciana Bruja en el interior del centro del útero y acógela. Simplemente permanece sentada en su presencia.

Cuando estés lista para terminar, agradece a la Feminidad Sagrada su presencia.

Vuelve a dirigir la atención a tu cuerpo y mueve las manos de los dedos y los pies. Respira hondo, estírate y sonríe.

¡No pasa nada si te quedas dormida en esta meditación!

Utiliza esta meditación otros días, por ejemplo en el día 1 y el día 6 del ciclo, a fin de detectar los cambios que experimentas durante esta fase y los diferentes tipos de sabiduría a los que tienes acceso.

Día 6 del ciclo:
sanar las energías de la Anciana Bruja Oscura

El Cuenco de la Atención

Comienza repitiendo esta **noche** el ejercicio del Cuenco de la Atención del 2 día del ciclo.

Conectar con tus energías

Al igual que la Madre, la Anciana Bruja está asociada con el amor profundo y la compasión hacia todos.

Siéntate en una posición cómoda, toma conciencia del corazón y toma conciencia de las estrellas situadas por encima de tu cabeza.

Al inspirar suavemente, absorbe la luz de las estrellas y deja que circule por la coronilla y el corazón hasta penetrar en el útero.

Permanece relajada y siente cómo el útero se llena de amor y luz estelar.

Pronuncia mentalmente:

Soy la Madre Oscura.
Me abro a la sabiduría y la sanación del alma.

Cuando estés lista para terminar la sanación, coloca las manos sobre la zona inferior del vientre e imagina que de tu Árbol del Útero salen raíces que se adentran en las profundidades de la tierra.

Avanzar hacia la fase siguiente

Para algunas de nosotras, el descanso reparador en el centro del laberinto puede continuar unos días después de que haya acabado el sangrado, mientras que para otras las energías de la Doncella empiezan durante la menstruación. Escucha tu cuerpo y tus energías para escoger el mejor momento de reaparecer tras la hibernación, en lugar de responder a las presiones y expectativas del mundo.

Al final de esta fase, tal vez desees expresar tu agradecimiento a la Feminidad Sagrada:

Doy gracias a la Feminidad Sagrada
por su amor,
por descansar en mi corazón y mi útero,

por los dones que me ha otorgado
y por la llamada apasionada que me insta a recuperar mi feminidad auténtica.

RESUMEN DE LA FASE DE LA ANCIANA BRUJA DE LA LUNA NUEVA

¿Qué energías de esta fase ha despertado en ti la Bendición del Útero?

¿Qué aspectos se han sanado de tu arquetipo interno de la Anciana Bruja?

¿Qué nuevas percepciones o dones te ha aportado la Bendición del Útero en esta fase para ser reconocidos y expresados?

Si has recibido la Bendición del Útero durante esta fase, ¿qué experimentaste?

FASE DE LA DONCELLA-LUNA CRECIENTE, DÍAS 7-13 DEL CICLO

En esta fase creciente
las energías se mueven:
¿puedes sentirlo en tu interior?
¡Adelante, actúa con ellas!
¡Ahora!

(De *Mensajes espirituales para mujeres*, de Miranda Gray)

Mujer cíclica	Ciclo menstrual	Fase preovulatoria: aproximadamente, días 7-13 del ciclo
Mujer no cíclica	Ciclo lunar	Luna creciente: 3 días después de la luna nueva - 3 días antes de la luna llena
	Ciclo estacional	Primavera

De la oscuridad a la luz

Hoy es el comienzo de las energías de la fase preovulatoria. Tras la hibernación de la menstruación tus energías han sido renovadas y restablecidas y ahora empiezas el viaje desde la cueva de la Anciana Bruja, o Madre Oscura, hacia el mundo. En esto reside la magia de ser cíclica, en poder renovar y restablecer nuestras energías sexuales, creativas, mentales, emocionales y físicas cada mes.
¡Hoy se inicia un nuevo ciclo!

Día 7 del ciclo: el Cuenco de la Doncella

Las radiantes energías externas de la fase de la Doncella están aumentando y vamos a expresarlo añadiendo una piedra blanca en el Cuenco de la Atención cada día de esta fase y retirando una piedra negra. De este modo, tendrás piedras blancas y negras en el Cuenco de la Atención.

Esta **mañana** siéntate con el Cuenco de la Atención apoyado en tu regazo.

Cierra los ojos y toma conciencia del centro del útero. Imagina, percibe o siente un bello caldero que descansa en la zona pélvica. Mantén esta imagen en la mente y permanece abierta a las experiencias y sentimientos que te suscite.

Coge una piedra negra del Cuenco de la Atención y sitúala en el otro cuenco; a continuación, introduce una piedra blanca en el primero.

Si estás empezando el Camino de la Bendición del Útero en esta fase, simplemente añade una piedra blanca en el Cuenco de la Atención vacío.

Mientras agregas la piedra di:

> Desde la oscuridad penetro en la luz.
> Desde la Anciana Bruja me transformo en la Doncella.
> Desde el mundo interior salgo al mundo exterior.

Dedícate a sentir durante unos minutos lo que supone para ti este cambio.

Cuando estés lista, conecta con la Madre Tierra imaginando que de tu Árbol del Útero salen raíces que se adentran en las profundidades de la tierra.

A medida que avance esta fase, verás disminuir el número de piedras negras del Cuenco de la Atención y aumentar el número de piedras blancas, reflejando el incremento de las energías dinámicas y externas en tu útero mientras te adentras en la fase de la Doncella.

Día 8 del ciclo: abrirse a la Doncella

El Cuenco de la Atención

Por la **mañana** repite el ejercicio que hiciste el día 7 del ciclo, pero esta vez mientras retiras una piedra negra y colocas una piedra blanca di:

> Me abro a la Doncella de la Luna Creciente.
> Acojo sus energías de inicios, belleza,
> movimiento y deleite.
> La expreso libremente en mi vida.
> Hoy…

Añade una acción o actividad que pienses llevar a cabo hoy para expresar las energías de la Doncella. Por ejemplo: comenzar un proyecto, hacer ejercicio, aprender algo nuevo, planificar o bien dedicar tiempo a realizar una tarea que requiera concentración y atención a los detalles.

Conectar con tus energías

Coge un trozo de cinta o hilo de un color que simbolice las energías de la Doncella para ti. Podría ser blanco, amarillo, rosa claro, azul claro o verde claro.

Ata el hilo alrededor de la muñeca y llévalo a modo de pulsera durante esta fase como una afirmación positiva de las energías de la Doncella y un recordatorio de quién eres.

Día 9 del ciclo: la Doncella y la Meditación de la Bendición del Útero

El Cuenco de la Atención

Comienza esta **mañana** repitiendo el ejercicio del Cuenco de la Atención del día 8 del ciclo.

Conectar con tus energías

Hoy practica la Meditación de la Bendición del Útero (hallarás el texto al inicio del libro), dedicando un rato a visualizar cada parte de la meditación. Si bien puede que te resulte difícil sentarte en silencio en esta fase, tal vez sientas más claridad y te resulte más fácil conectarte con la luz.

- ¿Qué has sentido o visto durante la meditación?
- ¿Qué deseabas hacer después de la meditación?

Fíjate en los pensamientos, ideas o proyectos que te vengan a la mente durante los próximos días.

Día 10 del ciclo: portar las energías de la Doncella

El Cuenco de la Atención

Comienza esta **mañana** repitiendo el ejercicio del Cuenco de la Atención del día 8 del ciclo.

Conectar con tus energías

Te has adentrado en la fase de la Doncella y sus energías constituyen una gran parte de quien eres. La siguiente meditación te brinda la oportunidad de encontrarte con tu Doncella interna y permitirle que te muestre sus dones.

Siéntate en una posición cómoda, cierra los ojos y respira hondo.

Imagina, percibe o siente que estás sentada con la espalda apoyada en un majestuoso Árbol del Útero cuyas raíces se adentran en las profundidades de la tierra y cuyas ramas alcanzan el cielo nocturno tachonado de estrellas.

Las ramas del árbol mecen la media luna creciente.

Dirige tu atención al útero y el centro del útero, y siente o percibe un gran cuenco que descansa en el espacio pélvico, lleno de agua oscura.

La luna te baña con una suave luz que fluye sobre ti y desciende por la coronilla y el corazón hasta penetrar en el útero.

Contemplas el reflejo de la luna creciente en las aguas de tu cuenco.

Realiza una respiración profunda y relájate. Ábrete a la presencia de la Doncella en el interior del centro del útero y acógela.

Cuando estés lista para terminar, agradece su presencia a la Feminidad Sagrada.

Vuelve a dirigir la atención a tu cuerpo y mueve los dedos de las manos y los pies. Respira hondo y estírate.

Anota las impresiones o sentimientos que te haya suscitado la Doncella. ¿Cómo puedes expresar sus energías y su presencia esta semana?

Día 11 del ciclo: expresar las energías de la Doncella

El Cuenco de la Atención

Comienza esta **mañana** repitiendo el ejercicio del Cuenco de la Atención del día 8 del ciclo. Tu Cuenco de la Atención contendrá ahora más piedras blancas que negras.

Conectar con tus energías

Además de aportar una energía diferente, cada uno de los cuatro arquetipos nos insta a expresar esta energía. Numerosas mujeres albergan una gran frustración tanto en sus cuerpos como en sus ciclos debido a que están restringidas en la expresión de su energía arquetípica, o bien a que no saben cómo expresarla. Al descubrir las necesidades arquetípicas de cada fase, podemos actuar para satisfacerlas, y el resultado es que nos sentimos más felices y autoempoderadas. Retomamos el control de lo que nos hace sentir bien.

Siéntate en una posición cómoda y cierra los ojos.

Toma conciencia del útero y del centro del útero.

Mientras inspiras, di en silencio:

Abro mi útero a la Doncella de la Luna Creciente.
Por favor, reposa en mi útero.

Relájate con la espiración.

Repite estas palabras durante un minuto.

Imagina, percibe o siente a una hermosa doncella de pie frente a ti rodeada de un paisaje primaveral.

Permanece de pie, erguida y confiada, con sus perros de caza a sus pies y en la espalda, un arco y flechas de plata.

Sientes fluir su energía dinámica a través de ti, creando sentimientos de autoconfianza y energía sexual renovada. La vida parece llena de nuevos comienzos, metas y el impulso de cumplir tus sueños.

Ahora pregúntale en silencio:

¿Qué debo hacer para acoger y expresar tu energía en mi vida?

Relájate durante *un minuto*.

Permanece abierta para recibir cualquier impresión, sentimiento o imagen. Podrías sentir un fuerte impulso de hacer algo simple, práctico y del día a día como buscar un objeto perdido, iniciar una nueva dieta, apuntarte a una clase a la que siempre hayas deseado asistir o planear tus próximas vacaciones.

Termina el ejercicio moviendo los dedos de las manos y los pies y respira hondo.

¡Ahora, actúa! Si no te es posible satisfacer tu necesidad por completo, haz un pequeño gesto que te encamine *hacia* su realización. Solo reconocer las necesidades de la Doncella en tu interior y ejecutar una acción modesta te ayudará a sentirte menos estresada y más contenta y satisfecha.

Anota cualquier inspiración o idea a la que puedas remitirte durante tu próxima fase de la Doncella. ¡Establecer una conexión consciente con ella y expresar sus energías en tu vida no solo te ayudará a dar soporte a los cambios de la Bendición del Útero y encarnar tus energías femeninas auténticas, sino que además hará que te sientas mejor!

Día 12 del ciclo: despertar las energías sexuales de la Doncella

El Cuenco de la Atención

Comienza esta **mañana** repitiendo el ejercicio del Cuenco de la Atención del día 8 del ciclo.

Conectar con tus energías

Cada fase del ciclo trae consigo una expresión diferente de la energía sexual, y esta nos ofrece un deseo sexual renovado, con independencia de la edad. La energía sexual de la Doncella es lúdica y divertida, dinámica y desenvuelta, y nos ha sido otorgada por la naturaleza para nuestro disfrute.

Hoy permite a la sexualidad de la Doncella la libertad de expresarse en tu forma de vestir y en tus relaciones. Siente o percibe que, al margen de tu edad, posees las energías sexuales y la belleza de la joven Doncella situada en tu útero. Deja que su renovada hermosura brille en tus ojos, y sonríe con la magia traviesa y lúdica que te ofrece.

Si tienes pareja, ¡deja que se encuentre con la Doncella en el dormitorio o dondequiera que ella desee!

Día 13 del ciclo: sanar a la Doncella

El Cuenco de la Atención

Comienza esta **mañana** repitiendo el ejercicio del Cuenco de la Atención del día 8 del ciclo. Tu Cuenco de la Atención contendrá ahora siete piedras blancas, revelando que finalmente ha terminado tu ascensión desde la oscuridad de la menstruación hacia el mundo exterior.

Conectar con tus energías

La Doncella está asociada con los pensamientos y los ideales elevados, y la Bendición del Útero nos ayuda a despertar y vivir este aspecto de nosotras.

Siéntate en una posición cómoda y toma conciencia del centro energético que se encuentra en el interior de la cabeza.

Advierte la presencia de una luna creciente situada por encima de tu cabeza.

Al inspirar suavemente, absorbe la luz blanca de la Doncella y llévala hasta el cerebro. Permanece relajada y siente cómo el cerebro se llena de luz y claridad.

Di en silencio:

**Soy la Doncella Brillante.
Me abro a la belleza y la pureza sanadora.**

Cuando estés lista para terminar la sanación, coloca las manos sobre la zona inferior del vientre e imagina que de tu Árbol del Útero salen raíces que se adentran en las profundidades de la tierra.

Avanzar hacia la fase siguiente

Dependiendo de tu ciclo, puede que sientas que la fase de la Doncella se ha suavizado hacia la fase de la Madre y que estás lista para entrar plenamente en sus energías. Sin embargo, si sientes que las energías de la Doncella son todavía fuertes, tal vez desees repetir algunas de las actividades de esta fase durante unos cuantos días hasta que notes los cambios precursores de la siguiente fase.

Al final de esta fase, tal vez desees expresar tu agradecimiento a la Feminidad Sagrada:

**Doy gracias a la Feminidad Sagrada
por su amor,
por descansar en mi corazón y mi útero,
por los dones que me ha otorgado
y por la llamada apasionada que me insta a recuperar
mi feminidad auténtica.**

RESUMEN DE LA FASE DE LA DONCELLA DE LA LUNA CRECIENTE

¿Qué energías de esta fase ha despertado en ti la Bendición del Útero?

¿Qué aspectos se han sanado de tu arquetipo interno de la Doncella?

¿Qué nuevas percepciones o dones te ha aportado la Bendición del Útero en esta fase para ser reconocidos y expresados?

Si has recibido la Bendición del Útero durante esta fase, ¿qué experimentaste?

Fase de la Madre-Luna Llena, días 14-20 del ciclo

> Céntrate en este día:
> ¿a qué te dedicarás con amor?,
> ¿qué logra abrir tu corazón?
> Nada más necesitas.

(De *Mensajes espirituales para mujeres*, de Miranda Gray)

Mujer cíclica	Ciclo menstrual	Fase ovulatoria: aproximadamente, días 14-20 del ciclo
Mujer no cíclica	Ciclo lunar	Luna llena: 3 días antes de la luna llena - 3 días después de la luna llena
	Ciclo estacional	Verano

En la luz, brillamos

Las energías dinámicas han aflojado el ritmo y nuestro ego se ha suavizado en la radiante energía de la Madre. Se nos han otorgado energías para compartir con otros y crear el mundo que nos rodea, y nuestro corazón es suficientemente grande para abarcar la tierra.

Día 14 del ciclo: el Cuenco de la Madre

Esta **mañana**, siéntate con el Cuenco de la Atención sobre tu regazo.

Toma conciencia del centro del útero e imagina, percibe o siente un bello caldero que descansa en la zona pélvica. Mantén esta imagen en la mente y permanece abierta a las experiencias y sentimientos que te suscite.

Las radiantes energías externas de la fase de la Madre están intensificadas, y vamos a expresarlo añadiendo una piedra blanca al Cuenco de la Atención cada día de esta fase.

Si te quedara alguna piedra negra en el Cuenco de la Atención, retírala.

Si estás comenzando el Camino de la Bendición del Útero, simplemente añade una piedra blanca al Cuenco de la Atención vacío.

Mientras colocas la piedra blanca en el Cuenco de la Atención di:

> **Desde la luz creciente, me detengo en la plenitud de la luz.**
> **Desde la Doncella me suavizo en la Madre de la Luna Llena.**
> **La necesidad de actuar da paso al impulso de cuidar.**

Mantén el cuenco con las piedras blancas apoyado sobre tu regazo y durante unos minutos dedícate a sentir lo que supone para ti este cambio. Cuando estés lista, conecta con la Madre Tierra imaginando que de tu Árbol del Útero salen raíces que se adentran en las profundidades de la tierra.

Día 15 del ciclo: abrirse a la Madre

El Cuenco de la Atención

Por la **mañana**, repite el ejercicio que hiciste el día 14 del ciclo, pero esta vez, al depositar la piedra blanca en tu Cuenco de la Atención, di:

Me abro a la Madre de la Luna Llena.
Acojo sus energías de empatía, cuidados,
amor y delicadeza.
La expreso libremente en mi vida.
Hoy...

Añade una acción o actividad que pienses llevar a cabo hoy para expresar las energías de la Madre. Por ejemplo: dar abrazos extra a tus hijos, llamar a una amiga con quien no hayas hablado desde hace tiempo, agradecer a una compañera de trabajo la ayuda que te ha prestado recientemente, hacer galletas para tu pareja o trabajar un rato en el jardín.

Conectar con tus energías

Coge un trozo de cinta o hilo de un color que simbolice las energías de la Madre para ti. Podría ser blanco, fucsia, azulón o verde esmeralda.
Ata el hilo alrededor de la muñeca y llévalo a modo de pulsera durante esta fase como una afirmación positiva de las energías de la Madre y un recordatorio de quién eres.

Día 16 del ciclo:
la Madre y la Meditación de la Bendición del Útero

El Cuenco de la Atención

Comienza esta **mañana** repitiendo el ejercicio del Cuenco de la Atención del día 15 del ciclo.

Conectar con tus energías

Hoy practica la Meditación de la Bendición del Útero (hallarás el texto al inicio del libro), dedicando un rato a visualizar cada parte de la meditación.

- ¿Qué has sentido o visto durante la meditación?
- ¿Qué deseabas hacer después de la meditación?

Fíjate en tus sentimientos y emociones durante los próximos días.

Día 17 del ciclo: portar las energías de la Madre

El Cuenco de la Atención

Comienza esta **mañana** repitiendo el ejercicio del Cuenco de la Atención del día 15 del ciclo.

Conectar con tus energías

A algunas mujeres el cambio a la fase de la Madre puede resultarles complicado por necesitar las energías dinámicas y resueltas de la Doncella para su trabajo; por el contrario, a otras mujeres esta fase puede parecerles enormemente tierna y emocional, debido a que las energías de esta fase les refuerzan su deseo de ser madres.

Siéntate en una posición cómoda, cierra los ojos y respira hondo.

Imagina, percibe o siente que estás sentada con la espalda apoyada en un majestuoso Árbol del Útero cuyas raíces se adentran en las profundidades de la tierra y cuyas ramas alcanzan el cielo nocturno tachonado de estrellas.

Las ramas del árbol mecen la bella y radiante luna llena.

Dirige tu atención al útero y el centro del útero, y siente o percibe un gran cuenco que descansa en el espacio pélvico, lleno de agua oscura.

La luna llena te baña en su abundante luz, que fluye sobre ti y desciende por la coronilla y el corazón hasta penetrar en el útero.

Contemplas el reflejo del rostro de la luna llena en las aguas de tu cuenco.

Respira hondo y relájate. Ábrete a la presencia suave, amorosa y tranquilizadora de la Madre y acógela.

Cuando estés lista para terminar, agradece a la Feminidad Sagrada su presencia.

Vuelve a dirigir la atención a tu cuerpo y mueve los dedos de las manos y los pies. Respira hondo y estírate.

Ahora dibuja o describe cualquier sentimiento que te haya suscitado la Madre. ¿Cómo puedes expresar sus energías y su presencia en tu vida esta semana?

Día 18 del ciclo: expresar las energías de la Madre

El Cuenco de la Atención

Comienza esta **mañana** repitiendo el ejercicio del Cuenco de la Atención del día 15 del ciclo.

Conectar con tus energías

Cada fase del ciclo presenta diferentes necesidades relacionadas con las energías arquetípicas. Estas necesidades nos impulsan a vivir conforme a nuestra naturaleza femenina auténtica, ¡cuando satisfacemos una necesidad de nuestra fase nos sentimos bien! El disfrute nos muestra que estamos alineadas con nuestra naturaleza auténtica.

No es suficiente con reconocer una necesidad: hemos de satisfacerla. Si bien esto no es siempre posible, sorprendentemente un pequeño gesto suele ser suficiente para generar sentimientos de placer y felicidad.

Siéntate en una posición cómoda y cierra los ojos.

Toma conciencia del útero y del centro del útero.

Mientras inspiras, di en silencio:

**Abro mi útero a la Madre de la Luna Llena.
Por favor, reposa en mi útero.**

Relájate al espirar.

Repite estas palabras durante un minuto.

Imagina, percibe o siente a una mujer embarazada sentada frente a ti rodeada de árboles y flores estivales. Sostiene una cesta repleta de pan, telas bordadas y cuencos de madera.

Ella te sonríe y sientes que su satisfacción y fertilidad te embargan de amor, creatividad, compasión y consideración.

Pregúntale mentalmente:

¿Qué necesito hacer para aceptar y expresar tu energía en mi vida?

Relájate durante *un minuto*.

Permanece abierta para recibir cualquier impresión, sentimiento o imagen que te sugiera. Tal vez sientas el impulso urgente de hacer una labor sencilla, práctica y del día a día, como pasar más tiempo con tu familia, concretar una «cita» con tu pareja, hacer manualidades, escuchar los problemas de una amiga durante más tiempo o estar más disponible para ayudar a alguien.

Para terminar el ejercicio mueve los dedos de las manos y los pies y respira hondo.

¡Ahora, actúa! Escribe o dibuja cualquier inspiración o idea que te surja acerca de cómo satisfacer estas necesidades. ¡Emplea estas notas el mes siguiente para que te ayuden a conectar con las energías de la Madre de tu interior, expresar sus energías y sentirte bien!

Día 19 del ciclo:
abrazar las energías sexuales de la Madre

El Cuenco de la Atención

Comienza esta **mañana** repitiendo el ejercicio del Cuenco de la Atención del día 15 del ciclo.

Conectar con tus energías

Para algunas mujeres, la fase de la Madre puede ser una etapa maravillosa y apasionada en la que se intensifique el deseo sexual. La naturaleza nos ofrece un mayor deseo sexual porque estamos liberando un ovocito y somos fértiles. Pero también nos aporta sentimientos y emociones acentuadas que favorecen la creación de un vínculo emocional y un compromiso con nuestra pareja.

En la fase de la Madre podemos sentirnos más románticas, apasionadas y con predisposición para expresar el amor físicamente, así como con capacidad para conectar con nuestra pareja en un nivel emocional profundo.

Hoy, percátate de tu energía sexual de la Madre y disfruta de este aspecto amoroso, generoso, apasionado y atractivo de ti misma. Toma conciencia de que, seas o no madre, portas las energías sexuales envolventes, espléndidas y abundantes del arquetipo de la Madre en tu interior. Hoy deja que su sensualidad y plenitud creativa fluyan en ti.

Si tienes pareja, ¿de qué modo puedes satisfacer las necesidades de la Madre en tu relación? ¡Deja que tu pareja la conozca!

Día 20 del ciclo: sanar a la Madre

El Cuenco de la Atención

Comienza esta **mañana** repitiendo el ejercicio del Cuenco de la Atención del día 15 del ciclo. Tu Cuenco de la Atención contendrá ahora 14 piedras blancas, lo cual indica que la fase de la Madre Brillante toca a su fin y que vas a empezar a caminar pausadamente hacia la oscuridad de nuevo.

Conectar con tus energías

La Madre está asociada con el amor profundo y la compasión universal.

Siéntate en una posición cómoda, toma conciencia de tu corazón y advierte la presencia de la luna llena situada por encima de tu cabeza.

Al inspirar suavemente, absorbe la luz blanca de la Madre y deja que descienda por la coronilla hasta tu corazón.

Permanece relajada y siente cómo tu corazón se colma de luz y de amor.

Di en silencio:

Soy la Madre Brillante.
Me abro al amor y la sanación emocional.

Cuando estés lista para terminar la sanación, coloca las manos sobre la zona inferior del vientre e imagina que de tu Árbol del Útero salen raíces que se adentran en las profundidades de la tierra.

Avanzar hacia la fase siguiente

Dependiendo de tu ciclo, tal vez sientas que has comenzado a adentrarte en la fase de la Hechicera hace unos días, o bien que sigues inmersa en la fase de la Madre. Si todavía no estás lista para empezar a caminar en la siguiente fase de la Hechicera, puedes repetir algunas de las actividades de esta fase hasta que te sientas preparada.

Al final de esta fase, tal vez desees expresar tu agradecimiento a la Feminidad Sagrada:

Doy gracias a la Feminidad Sagrada
por su amor,
por descansar en mi corazón y mi útero,
por los dones que me ha otorgado
y por la llamada apasionada que me insta a recuperar
   mi feminidad auténtica.

Resumen de la fase de la Madre de la Luna Llena

¿Qué energías de esta fase ha despertado en ti la Bendición del Útero?

¿Qué aspectos se han sanado de tu arquetipo interno de la Madre?

¿Qué nuevas percepciones o dones te ha aportado la Bendición del Útero en esta fase para ser reconocidos y expresados? Si has recibido la Bendición del Útero durante esta fase, ¿qué experimentaste?

FASE DE LA HECHICERA-LUNA MENGUANTE,
DÍAS DEL CICLO: 21-MENSTRUACIÓN

> **Disfruta de tu transitar por la oscuridad.**
> **Eres atractiva,**
> **mágica,**
> **y hechicera.**
> **¡Sal al mundo a encantar y hechizar!**

(Basado en *Mensajes espirituales para mujeres*, de Miranda Gray)

Mujer cíclica	Ciclo menstrual	Fase premenstrual: aproximadamente, día 21 - menstruación
Mujer no cíclica	Ciclo lunar	Luna menguante: 3 días después de la luna llena - 3 días antes de la luna nueva
	Ciclo estacional	Otoño

Avanzar hacia la oscuridad

Respira hondo. No mires atrás. Sé valiente. Apoya el pie en el primer peldaño descendente del laberinto.

No te inquietes. En la oscuridad, la Hechicera te tomará de la mano y te guiará al dejar la luz delicada y radiante de la Madre. Siente crecer en tu mente y tu cuerpo los poderes salvajes de la Hechicera.

Día 21 del ciclo: el Cuenco de la Hechicera

Esta **noche,** siéntate con tu Cuenco de la Atención apoyado sobre tu regazo. Estás a punto de iniciar tu viaje hacia la oscuridad, de modo que esta meditación tendrá lugar por la noche para reconocer este hecho.

Toma conciencia del centro del útero e imagina, percibe o siente un bello caldero que descansa en la zona pélvica. Mantén esta imagen en la mente y permanece abierta a las experiencias y sentimientos que te suscite.

Retira una piedra blanca de tu Cuenco de la Atención y remplázala por una negra.

Si estás comenzando el Camino de la Bendición del Útero, simplemente añade una piedra negra al Cuenco de Atención vacío.

Mientras colocas la piedra negra en el Cuenco de la Atención di:

> Desde la luz radiante, me adentro en la oscuridad.
> **Desde la Madre, me convierto en la Hechicera de la Luna Menguante.**
> **Desde el mundo exterior penetro en mi mundo interior.**

Toma conciencia de que estás dando el primer paso en el interior del laberinto. Los niveles de conciencia subconsciente y del alma esperan en la hermosa oscuridad, y la Hechicera te guiará y sostendrá tu mano. Viajarás por el terreno del subconsciente, que está repleto de una energía salvaje, inspiración, energía sexual, creatividad y magia, hacia la esfera del alma, donde descansarás en los brazos de la Feminidad Sagrada. Puede que a medida que la luz disminuya desees mirar atrás y eches de menos la tierra del arquetipo de la Madre; ¡pero como todo el mundo sabe, por los mitos y las leyendas, no debes mirar atrás! Mantén el cuenco apoyado sobre tu regazo con la piedra dentro y durante unos minutos dedícate a sentir lo que supone para ti este cambio. Observa esta única semilla de oscuridad que se halla en el útero lleno de luz, ¿la aceptas o te da pena lo que dejas atrás?

Cuando estés lista para terminar, conecta con la Madre Tierra imaginando que de tu Árbol del Útero salen raíces que se adentran en las profundidades de la tierra.

Día 22 del ciclo: abrirse a la Hechicera

El Cuenco de la Atención

Esta **noche**, siéntate con el Cuenco de la Atención apoyado sobre tu regazo.

El número de piedras negras irá aumentando poco a poco para reflejar el camino descendente desde la luz de la ovulación hacia la oscuridad de la menstruación. Te recuerda la retirada de energías de tu cuerpo, tu mente y tus emociones, y el regreso a niveles más profundos de comprensión y conciencia.

Dirige la atención al centro del útero e imagina, percibe o siente un bello caldero situado en la zona pélvica. Mantén esta imagen en la mente y permanece abierta a las experiencias y sentimientos que te suscite.

Sustituye una piedra blanca de tu Cuenco de Atención por una piedra negra y di:

Me abro a la Hechicera de la Luna Menguante.
Acojo sus energías de magia, pasión,
intuición e inspiración.
La expreso libremente en mi vida.
Mañana...

Añade una actividad o acción que pienses realizar mañana para expresar las energías de la Hechicera. Por ejemplo: cuando tengas energía, ordena un armario, o bien arregla el jardín, limpia la casa, da un paseo o inventa un poema; cuando te sientas baja de energía, acurrúcate y descansa, date un baño espléndido, lee unas cartas del oráculo, haz garabatos, colorea mandalas, haz punto o ¡deja volar la imaginación!

Conectar con tus energías

Coge un trozo de cinta o hilo de un color que simbolice las energías de la Hechicera para ti. Podría ser negro, un tono morado mágico o bien azul oscuro.

Ata el hilo alrededor de la muñeca y llévalo a modo de pulsera durante esta fase como una afirmación positiva de las energías de la Hechicera y un recordatorio de quién eres.

Día 23 del ciclo:
la Hechicera y la Meditación de la Bendición del Útero

El Cuenco de la Atención

Esta **noche** repite el ejercicio del Cuenco de la Atención del día 22 del ciclo.

Conectar con tus energías

Esta **noche** practica la Meditación de la Bendición del Útero (hallarás el texto al inicio del libro), dedicando un rato a visualizar cada parte de la meditación.

- ¿Qué has sentido o visto durante la meditación?
- ¿Qué deseabas hacer después de la meditación?

Fíjate en los pensamientos, ideas o proyectos que te vengan a la mente durante los próximos días.

Día 24 del ciclo: abrazar las energías de la Hechicera

El Cuenco de la Atención

Esta **noche** repite el ejercicio del Cuenco de la Atención del día 22 del ciclo.

Conectar con tus energías

La Hechicera es una bruja, y por esta razón su energía y orientación puede adoptar diferentes formas. Puede ser sumamente potente o sumamente suave, inmensamente transformadora y enormemente creativa y espiritual. Tal vez desees practicar la siguiente meditación varias veces durante esta fase para descubrir la inspiración y magia que te ofrece.

Siéntate en una posición cómoda, cierra los ojos y respira hondo.

Imagina, percibe o siente que estás sentada con la espalda apoyada en un majestuoso Árbol del Útero cuyas raíces se adentran en las profundidades de la tierra y cuyas ramas alcanzan el cielo nocturno tachonado de estrellas.

Las ramas del árbol mecen la media luna menguante.

Dirige tu atención al útero y el centro del útero, y siente o percibe un gran cuenco que descansa en el espacio pélvico, lleno de agua oscura.

La luna menguante te baña de una luz mágica que fluye sobre ti y desciende por la coronilla y el corazón hasta penetrar en el útero.

Contemplas el reflejo de la luna menguante en las aguas de tu cuenco.

Respira hondo y relájate. Ábrete a la presencia de la Hechicera en el interior del centro del útero y acógela.

Cuando estés lista para terminar, agradece su presencia a la Feminidad Sagrada.

Vuelve a dirigir la atención al cuerpo y comienza a mover los dedos de las manos y los pies. Respira hondo y estírate.

Dibuja o expresa en forma de danza los sentimientos e inspiraciones que te ha sugerido este arquetipo.

Día 25 del ciclo: expresar las energías de la Hechicera

El Cuenco de la Atención

Esta **noche** repite el ejercicio del Cuenco de la Atención del día 22 del ciclo.

Conectar con tus energías

La fase de la Hechicera suele ser la etapa que supone un mayor desafío, de modo que es importante comprender sus necesidades y el modo de expresar sus energías a fin de crear sentimientos de felicidad, empoderamiento y bienestar.

Siéntate en una posición cómoda y cierra los ojos.

Toma conciencia del útero y del centro del útero.

Mientras inspiras, di en silencio:

> Abro mi útero a la Hechicera de la
> Luna Menguante.
> Por favor, reposa en mi útero.

Relájate al espirar.

Repite estas palabras durante un minuto.

Imagina, percibe o siente que te hallas rodeada de hojas que se arremolinan y un paisaje otoñal. De pie, frente a ti, ves a una hermosa mujer madura que lleva un abrigo de plumas de cuervo y sostiene una hoz de plata.

La Hechicera te recarga de energía dinámica, deseo, creatividad inspirada y una conciencia profunda de la oscuridad y la magia de tu interior.

Ahora pregúntale en silencio:

> ¿Qué debo hacer para acoger y expresar tu energía en mi vida?

Relájate durante *un minuto*.

Permanece abierta a recibir cualquier impresión, sentimiento o imagen. Tal vez experimentes un fuerte impulso de hacer algo mágico como leer unas cartas del oráculo, o bien dedicarte a alguna actividad creativa, o retirarte del mundo y mimarte con algún capricho.

Para terminar el ejercicio, mueve los dedos de las manos y los pies y respira hondo.

¡Ahora, actúa! Si no te es posible satisfacer tu necesidad por completo, haz un gesto pequeño que te encamine *hacia* su realización. Solo reconocer las necesidades de la Hechicera de tu interior y ejecutar una acción modesta te ayudará a sentirte menos estresada y más contenta y satisfecha.

Anota cualquier inspiración o idea a las que puedas remitirte durante tu próxima fase de la Hechicera. Establecer una conexión consciente con ella y expresar sus energías en tu vida te ayudará a potenciar los cambios de la Bendición del Útero, a equilibrar tu ciclo y a lidiar con los retos de la fase premenstrual con amor y elegancia.

Día 26 del ciclo: *convocar a las energías sexuales de la Hechicera*

El Cuenco de la Atención

Comienza esta **noche** repitiendo el ejercicio del Cuenco de la Atención del día 22 del ciclo. El número de piedras negras del cuenco va aumentando, recordándote cada día que estás apartándote de la luz y adentrándote cada vez más en la oscuridad del laberinto.

Conectar con tus energías

La fase de la Hechicera puede ser una etapa sexualmente increíble. ¡A menudo nos centramos en los aspectos de la fase premenstrual que nos suponen un desafío y nos olvidamos de los placenteros regalos que nos otorga!

Para un gran número de mujeres, la fase de la Hechicera puede ser sumamente erótica y aventurera. Puede haber días en que nos sintamos menos inhibidas, con mayores deseos de probar algo nuevo, empoderadas con seguridad y deseo sexual. También puede haber días en que nos sintamos emocionalmente más vulnerables y necesitemos que nos consuelen y tranquilicen. El sexo puede mostrarnos que nuestra pareja todavía nos quiere y que todavía somos deseables, y puede constituir para nosotras una fuente de bienestar emocional y liberación del estrés.

Hoy, percátate de las energías sexuales de la Hechicera y acéptalas sea cual sea la forma que tomen. Permite que sus energías sumamente eróticas fluyan a través de ti con gracia seductora, o bien colócate un chal alrededor de los hombros para aliviar y proteger tu apertura y expresar tu creciente retirada sensual hacia la oscuridad.

Si tienes pareja, deja que experimente tus energías sexuales eróticas y desinhibidas; o bien acurrúcate junto a ella y, en tu vulnerabilidad, muéstrale la belleza de la oscuridad espiritual y sensual de tu interior.

Si en este momento te sientes demasiado cansada para pensar en sexo y tus energías sexuales te parecen muy lejanas, puedes realizar este ejercicio un poco antes el mes próximo, o bien practicar el siguiente ejercicio del día 27 del ciclo para ayudar a despertar tus energías.

Día 27 del ciclo:
sanar a la Hechicera de la Luna Menguante

El Cuenco de la Atención

Comienza esta **noche** repitiendo el ejercicio del Cuenco de la Atención del día 22 del ciclo.

Conectar con tus energías

Si no estamos nutriendo y expresando las energías de la Hechicera, nuestro centro energético del útero, el Caldero, suele quedarse sin energía, por ello es conveniente energizar el Caldero para sanar a la Hechicera y de este modo suavizar las expresiones de este arquetipo que nos suponen un mayor desafío en esta fase.

Cierra los ojos y toma conciencia de la parte inferior del abdomen y a tu útero o el centro del útero situado justo por debajo del ombligo.

Imagina que dibujas círculos con la mano en la zona del bajo vientre. Deja que tu intuición te guíe acerca del sentido del círculo y el ritmo de la acción. Tras unos pocos minutos, tal vez sientas una respuesta en el útero.

Cuando estés lista, toma conciencia de la cadera derecha y comienza a dibujar círculos imaginarios sobre ella. Después, haz lo mismo desplazando la atención a la cadera izquierda.

Por último, concéntrate en el centro del útero e imagina, percibe o siente que la energía sigue girando en las tres ubicaciones.

Di en silencio:

Soy la Doncella Oscura, la Hechicera de la Luna Menguante.
Me abro a la magia y la transformación sanadora.

Cuando estés lista para terminar la sanación, coloca las manos sobre la zona inferior del vientre e imagina que de tu Árbol del Útero salen raíces que se adentran en las profundidades de la tierra.

Avanzar hacia la fase siguiente

Dependiendo de tu ciclo, tal vez sientas que te conviertes en la Anciana Bruja unos días antes de que empiece el sangrado, o quizá sigas percibiendo las energías de la Hechicera una vez empezado este. Si las energías de la Hechicera continúan fuertes, tal vez desees repetir algunas de las actividades de esta fase hasta que sientas el cambio hacia la nueva fase.

Al final de esta fase, tal vez desees expresar tu agradecimiento a la Feminidad Sagrada:

> **Doy gracias a la Feminidad Sagrada**
> **por su amor,**
> **por descansar en mi corazón y mi útero,**
> **por los dones que me ha otorgado**
> **y por la llamada apasionada que me insta a recuperar mi feminidad auténtica.**

RESUMEN DE LA FASE DE LA HECHICERA DE LA LUNA MENGUANTE

¿Qué energías de esta fase ha despertado en ti la Bendición del Útero?

¿Qué aspectos se han sanado de tu arquetipo interno de la Hechicera?

¿Qué nuevas percepciones o dones te ha aportado la Bendición del Útero en esta fase para ser reconocidos y expresados?

Si has recibido la Bendición del Útero durante esta fase, ¿qué experimentaste?

Las Bendiciones del Útero y el Camino

Mientras viajamos por nuestros ciclos, aceptando y expresando las energías de los arquetipos, integramos los cambios energéticos y los dones que cada sintonización de la Bendición del Útero nos ofrece al hacerlos parte de nosotras y parte de nuestras vidas. Con cada Bendición del Útero nos acercamos más a nuestra naturaleza auténtica, e incluso si la vida moderna nos desconecta, la Bendición del Útero vuelve a conectarnos y nos restituye nuestra identidad femenina.

Recorrer el Camino de la Bendición del Útero constituye un cambio a mejor, pues nos transforma para que integremos una versión más completa de nuestra feminidad. Nos coloca en una nueva posición en nuestra vida, renovadas y preparadas para aportar amor y energías femeninas al mundo.

CAPÍTULO 10

LA VISIÓN Y EL CAMINO HACIA DELANTE

La visión de la Bendición del Útero

La Primera Mujer yacía sobre una manta mirando las estrellas. Pensaba en la primera pregunta que había formulado durante la creación del mundo:
—¿Quién soy?
Ahora, centrada en su ser, equilibrada y completa con sus cuatro objetos de poder y su cuenco del útero poderoso de nuevo, supo la respuesta:
—Yo soy yo —susurró a la Gente de las Estrellas.

En las sociedades en las que las mujeres no son conscientes de su naturaleza femenina auténtica, no existen mujeres auténticas que les muestren cómo vivir y trabajar de un modo diferente al de los hombres. Si bien actuar y pensar como los hombres puede aportar éxito material o seguridad, el precio es muy alto: culpabilidad, alteración emocional y mental, estrés y falta de armonía en el cuerpo y sus ciclos. Numerosas mujeres sienten un ansia profunda de comprender quiénes son y su propósito y camino en la vida. Anhelan percibirse completas y aceptadas por lo que son, y sentirse seguras y fuertes respecto a su feminidad y valía. Pero solamente es necesario que **una mujer** comience a vivir aspectos de su naturaleza auténtica para empezar a cambiar el mundo.

Cuando conectamos con nuestra feminidad auténtica y la vivimos en el mundo, compartimos de forma natural nuestra autenticidad con otras mujeres y con nuestras familias. Otras mujeres resonarán con nuestras energías y nuestra forma de vida, y desearán saber cómo encontrar esta autenticidad en su interior. Nuestros hijos e hijas conocerán nuestra naturaleza cíclica auténtica y cómo vivimos en armonía con ella en la vida diaria. Las niñas dispondrán de un modelo para sus propias vidas, y los niños comprenderán la belleza, la fortaleza y el valor de la naturaleza cíclica de las mujeres y aprenderán a danzar con ella.

A medida que más y más mujeres vivan y trabajen en armonía con sus energías femeninas, los beneficios serán cada vez más palpables en su salud, sus relaciones, su comunidad y su trabajo. Las mujeres auténticas pondrán de manifiesto habilidades sorprendentes. Serán perspicaces y creativas, mostrarán una sabiduría precoz, comprenderán de forma intuitiva y vivirán desde un centro de sereno empoderamiento.

El resultado será un cambio, pero en lugar de la lucha de los sexos de los años sesenta, esta vez tendrá lugar una suave transformación. Tomará la forma de un movimiento de base de mujeres que efectuando pequeños cambios en sus vidas modificarán los pilares de la sociedad. Los viejos patrones de pensamiento se vendrán abajo y permitirán la coevolución de una sociedad auténticamente femenina y auténticamente masculina. La Bendición del Útero es un camino que permite a las mujeres comenzar ese cambio tanto en su interior como en sus vidas.

**El mundo está preparado para el cambio,
y lo originarán las mujeres.**

Compartir la visión

La visión de la Bendición del Útero:
la creación de un mundo armonioso despertando
a todas las mujeres a su feminidad auténtica.

Nuestro propósito es ofrecer a todas las mujeres la oportunidad de recorrer un camino de despertar femenino a través de la sintonización de la Bendición del Útero, así como la información que necesitan para obtener una experiencia y comprensión personal de su naturaleza y energías femeninas auténticas.

Es nuestro deseo sincero crear un legado para las generaciones futuras con la esperanza de que nuestras nietas y sus hijas crezcan en una sociedad global pacífica que reconozca, enseñe y celebre la feminidad auténtica y se beneficie de ella.

¿Y si...?

¿Y si tuviéramos una sociedad que reconociera a la Mujer Cíclica? ¿Una sociedad cuya estructura permitiera a las mujeres vivir su naturaleza cíclica?

¿Y si la medicina admitiera las cuatro fases y adaptara la cirugía y los tratamientos a las energías del ciclo? ¿Y si los efectos de los medicamentos tuvieran en cuenta las fases del ciclo menstrual? ¿Y si hubiera una voluntad real para comprender el ciclo y la menopausia?

¿Y si la salud mental reconociera la importancia de adaptar la vida a las cuatro fases?

¿Y si la educación permitiera a las mujeres y las niñas aprender en armonía con sus ciclos, tener una evaluación continua, en lugar de exámenes, para que las mujeres pudieran trabajar y aprender optimizando las habilidades de cada fase?

¿Y si se estableciera un Derecho Humano que garantizara el reconocimiento, el apoyo y la educación acerca de la naturaleza cíclica de la mujer y garantizara la adopción de prácticas que hicieran un uso óptimo del potencial cíclico de las mujeres?

¿Y si se concediera a las mujeres uno o dos días libres retribuidos durante la menstruación, con tiempo para ponerse al día con las tareas cuando retornaran sus energías dinámicas?

¿Y si las mujeres pudieran trabajar en colaboración, compartiendo tareas dependiendo de las fases de su ciclo y desempeñando papeles en las reuniones y en el proceso de toma de decisiones que reflejaran las capacidades perceptivas dominantes en cada fase?

¿Y si las cuatro habilidades perceptivas y creativas de las Mujeres Cíclicas se aprovecharan de forma activa en las empresas, donde podrían usarse en diferentes departamentos, al margen de los puestos?

¿Y si las mujeres menopáusicas fueran respetadas como líderes comunitarias y directoras de empresa y tuvieran una influencia relevante en la política y los gobiernos?

¿Y si construyéramos una sociedad en la que ninguno de los géneros viviera desde sus patrones de miedo y supervivencia, sino desde su naturaleza auténtica?

Cambiar el mundo constituye un desafío; para algunas mujeres es peligroso y puede poner en riesgo su vida, para otras conlleva el riesgo de perder la dignidad y la «igualdad» que tanto les ha costado ganar.

Pero…

¿Y si…?

EPÍLOGO

La Primera Mujer danzaba y mostraba su poder. Todos los días buscaba el rostro de la Madre Luna en el cielo y le solicitaba su orientación y sabiduría.

La Primera Mujer compartió su vida con los clanes, viviendo en sintonía con sus ritmos. Transmitió al mundo los dones que le habían sido otorgados, cuidando de los Primeros Animales y usando sus energías creativas para crear calidez y seguridad. Empleó su agudeza mental para organizar y planificar, así como para aprender las costumbres del mundo. Su inspiración salvaje llevó la magia y la orientación del Espíritu al mundo, y su profunda sabiduría e intuición internas eran apreciadas por los Primeros Animales cuando se sentaba junto al fuego y les narraba historias.

Cada actividad era expresión de sus poderes; cada actividad la conectaba con sus poderes y cada actividad estaba bendecida por la luz de la Madre Luna y el amor de la Madre Tierra.

Un día, la Madre Luna se apareció a la Primera Mujer y tomó un pequeño pedazo del cuenco situado en su vientre. También cogió un poco del agua viva y la llama creativa del interior del cuenco, así como un poco del amor de su corazón.

La Madre Luna mezcló estos elementos en su propio cuenco del útero y dio a luz al Primer Hombre.

La Primera Mujer lo miró, contenta pero desconcertada.
—¿Qué hace él? —preguntó.
—Él danza contigo —contestó sonriendo la Madre Luna.
Y todo fue bien.

No existe un principio ni un final, solamente el bello y eterno flujo de estaciones a través del cual nosotras las mujeres crecemos, florecemos, fructificamos y descansamos.

A medida que viajemos a través de nuestros ciclos y las etapas de nuestra vida, nuestra relación con la Feminidad Sagrada irá cambiando con el ritmo de la música que bailemos. El modo en que se aparezca y su orientación cambiarán. Los arquetipos con los que nos identifiquemos cambiarán y nuestro camino en la vida también cambiará. Habiendo despertado a nuestra feminidad auténtica, danzamos nuestro camino con gracia, sabiendo que el cambio es nuestra fuerza y nuestra naturaleza como mujeres y que poseemos un conocimiento íntimo de él en nuestros cuerpos. También sabemos que tenemos el poder de crear sin esfuerzo mediante la rendición a nuestra naturaleza cíclica y a la felicidad sincera.

**Nuestra naturaleza es la felicidad, el afecto
y la satisfacción.**

**Para vivirla plenamente hemos de ser quienes
verdaderamente somos.**

La Bendición del Útero constituye un camino de despertar a nuestra naturaleza auténtica guiado por la Feminidad Sagrada. A medida que toca a más y más mujeres, la Bendición se expandirá de formas bellas y diversas en respuesta a la maravillosa inspiración y creatividad de las mujeres.

Si bien las mujeres podemos tomar múltiples sendas, la dirección es la misma.

Estás invitada a recorrer el camino de la Bendición del Útero con nosotras.

La Feminidad Sagrada está en nuestro interior,
a nuestro alrededor
y en cada momento.
Nada es malo, sucio o impuro.
Todo es una expresión sagrada de Ella.
Incluida tú misma.

EJERCICIO FINAL

Al acabar este libro habrás absorbido la información a través del filtro de uno o más arquetipos, dependiendo de cuánto tiempo te haya llevado su lectura. Lo que hayas pensado y sentido acerca del contenido, las conclusiones a las que hayas llegado y cualquier acción que te haya inspirado, todo ello se ha visto influenciado por el arquetipo dominante durante su lectura.

En mi libro *Luna roja* sugiero a las lectoras que vuelvan a leer la información sobre una fase concreta cuando se encuentren en ella y, si haces lo mismo ahora, puede que experimentes algún momento de compresión repentina.

Al releer alguna parte del libro, o volver a hacer los ejercicios, sé consciente del arquetipo que encarnas en ese momento.

Ante cada dato, cada decisión y cada actividad existen cuatro enfoques que puedes adoptar. Ser auténticamente femenina supone darse cuenta de este hecho y aprovecharlo como una fuerza positiva en tu vida.

APÉNDICE

La rueda del año y las Meditaciones de los Arquetipos

Las Bendiciones Mundiales del Útero tienen lugar durante los meses de las festividades celtas más importantes, cuyas fechas se proporcionan abajo. Las Meditaciones de los Arquetipos se ofrecen como complemento a las Bendiciones Mundiales del Útero de estos meses en ambos hemisferios.

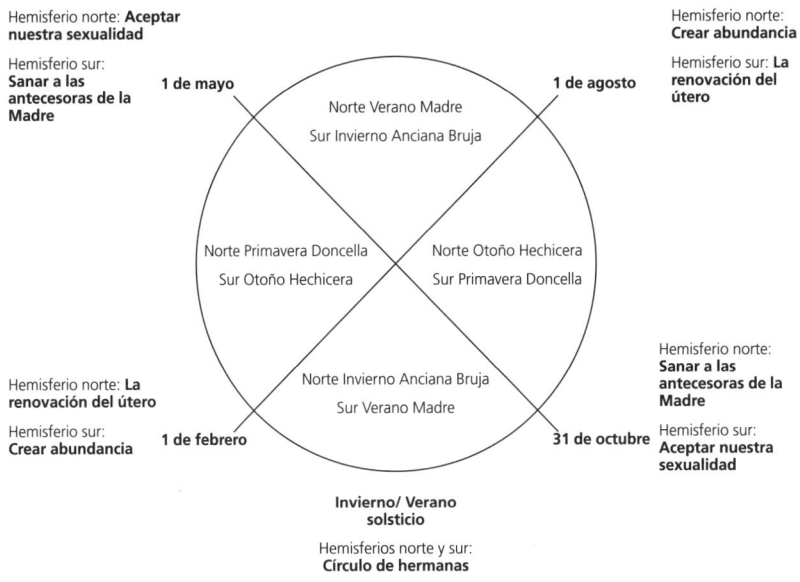

Los ciclos de la Feminidad Sagrada

APÉNDICE

¿Cómo puedo encontrar una Moon Mother?

Las *Moon Mothers* son mujeres que portan la vibración del amor y la luz de la Feminidad Sagrada de la Bendición del Útero y que han recibido entrenamiento de las técnicas de Miranda para ofrecer la sintonización *Personal de la Bendición del Útero*, la *Sanación del Útero-Restauración del Equilibrio Energético Femenino*, así como para participar activamente en la sintonización de la Bendición Mundial del Útero. Las *Moon Mothers Nivel 2* están cualificadas para ofrecer *El Regalo* a los hombres, así como técnicas de sanación adicionales, y las *Moon Mothers mentoras avanzadas* han recibido una formación extra en *Mentoría de la Bendición del Útero* para acompañar a las mujeres durante su despertar.

Las Moon Mothers pueden ayudar a responder a los interrogantes sobre la Bendición Mundial del Útero —muchas de ellas dirigen grupos de la Bendición del Útero— y pueden ayudarte a crear tu propio grupo o a encontrar uno en tu zona.

Entra en www.wombblessing.com para consultar el listado de Moon Mothers autorizadas en tu país.

¿Cómo puedo convertirme en una Moon Mother?

Los siguientes talleres de entrenamiento están disponibles en diferentes lugares del mundo.

Taller de Moon Mother Nivel 1: despertar de la energía femenina

Se trata de un taller de dos días en el que se lleva a cabo un intenso trabajo energético y se proporciona abundante información con el objetivo de elevar la vibración de las participantes a la de Moon Mother y conferirles el poder de transmitir la energía de la Bendición del Útero en la *sintonización Personal de la Bendición del Útero*, la *Sanación del Útero-Restauración del Equi-*

librio Energético Femenino, así como en la Bendición Mundial del Útero. Se trata de un taller de capacitación que incluye un manual de apoyo, recursos de Internet y certificación y registro en el listado internacional de Moon Mothers.

Taller de Moon Mother Nivel 2: despertar de la energía femenina hacia el amor

Se trata de un taller intensivo de dos días que proporciona una gran cantidad de información práctica y en el que las Moon Mothers reciben una bella iniciación para incrementar la cantidad y la vibración de la energía que transmiten en la Bendición del Útero, y aprenden técnicas específicas de sanación energética femenina que contribuyen tanto a su propio despertar y sanación como de las receptoras. Se aprenden asimismo *El Regalo* para hombres, la *Sanación del Alma Femenina* y una *Autobendición*. Incluye un manual de apoyo y registro en el listado internacional.

Taller de Moon Mother Nivel 3: despertar de la energía femenina hacia la luz

En el nivel 1 abrimos el centro energético y los aspectos de los arquetipos conectados a la vida. En el nivel 2 abrimos el centro energético y los aspectos de los arquetipos conectados al amor. En el taller del nivel 3 abrimos todos los centros y los aspectos de los arquetipos conectados con la vida, el amor y el espíritu. En este taller de dos días, sereno pero poderoso, las Moon Mothers reciben una iniciación y aprenden a dar dos nuevas Bendiciones, de «apertura», del Útero: *Bendición del útero de apertura a la sacralidad* y *Bendición del útero de apertura a la paz*. También reciben y aprenden a dar cuatro Bendiciones del Útero, adicionales, de los arquetipos.

Ser una Moon Mother Nivel 3 supone ofrecer la bendición

del útero en cada vez más áreas de la vida de una mujer, a fin de ayudarle a sanar sus energías femeninas para amar y crear su bienestar y sus sueños.

Formación avanzada en Mentoría para Moon Mothers

Este taller intensivo está destinado a las Moon Mothers de Nivel 2 en adelante que deseen ofrecer un apoyo más profundo a las receptoras de la Bendición. Al cocrear un programa personalizado mensual, las Moon Mothers avanzadas ayudan a las receptoras a potenciar su sanación y despertar viviendo una vida más auténtica entre las Bendiciones. El taller incluye una iniciación que capacita a las Moon Mothers a ofrecer mentorías, un manual de apoyo y certificación y registro en el listado internacional.

Puedes encontrar el calendario de talleres de formación en www.wombblessing.com.

Formación sobre el ciclo

Taller de Luna Roja

Se trata de una introducción interactiva a los cuatro arquetipos femeninos y sus efectos en nuestras vidas, con una gran cantidad de información, ejercicios prácticos grupales y una exclusiva sanación de grupo de los arquetipos. Este taller es ideal para toda mujer con o sin ciclo, y sumamente recomendable para las Moon Mothers.

Taller para conocer a la Anciana Bruja

Este taller de desarrollo personal está destinado a todas las mujeres, tengan o no ciclo, y sirve para conocer la Anciana Bruja que habita en nuestro interior, así como dentro de nuestro útero y de sus ciclos.

La iniciación de la Anciana Bruja nos ayuda a sentir su presencia y su aceptación, así como a comprender que verdaderamente somos «suficientes». En este taller se nos proporciona una clave que siempre nos permite encontrar el camino de vuelta a ella, a nuestro hogar. Y cuando escuchamos, sentimos que ella guía a nuestra Doncella, a nuestra Madre y a nuestra Hechicera y oímos sus susurros procedentes de los ámbitos más profundos de la post-menopausia. En este taller escuchamos y expresamos su sabiduría creando nuestras propias cartas del oráculo.

Las denominaciones Moon Mother® y Womb Blessing® son marcas registradas.

AGRADECIMIENTOS

Me siento agradecida porque...
Detrás de la Bendición Mundial del Útero se encuentra un increíble equipo de mujeres.

No es posible dar las gracias de forma individual a todas las mujeres que ayudan a difundir la Bendición del Útero alrededor del mundo, o que dirigen grupos de la Bendición y grupos de Internet. Tampoco es posible dar las gracias a cada una de las Moon Mothers, las Representantes de las Moon Mothers, las Coordinadoras de cada país y los Equipos de Coordinación del trabajo voluntario que realizan en apoyo de la comunidad de la Bendición del Útero; también están las organizadoras de los talleres de la Bendición del Útero, las traductoras voluntarias de los talleres, los manuales, los boletines informativos y la información de Internet; las diseñadoras y las diseñadoras de páginas web. Sin el apoyo de todas estas mujeres la Bendición del Útero no se hubiera desarrollado naturalmente de un modo tan asombroso y emocionante; y no hay que olvidar a los maravillosos hombres que nos apoyan en nuestro sincero servicio para cambiar positivamente las vidas de las mujeres y los hombres.

Así que gracias a todos los integrantes de la comunidad de la Bendición del Útero por vuestra pasión y habilidades increíbles, vuestra creatividad y amor, y vuestra valentía, inspiración y compromiso sincero.

Por último, me gustaría expresar mi gratitud a una persona en especial: mi marido Richard. Sin su amor, apoyo y ayuda constantes, no podría hacer lo que hago y no tendríamos la Bendición Mundial del Útero ni una creciente comunidad global de mujeres y Moon Mothers. Mi amor y mi corazón siempre han sido y serán tuyos.

La ilustración de la portada es de Liana Moisescu.

Mi agradecimiento a Deborah Willimott por su aportación editorial, ideas y ayuda.

De la misma autora

LUNA ROJA
Emplea los dones creativos, sexuales y espirituales del ciclo menstrual

MIRANDA GRAY

Luna roja ofrece a la mujer moderna una profunda y clarificadora visión de su naturaleza cíclica y de los dones y posibilidades que encierra el ciclo menstrual. Estamos ante una obra desmitificadora, una auténtica «guía de ritmos femeninos» que enseña a valorar la realidad femenina y las posibilidades que esta encierra.

LAS 4 FASES DE LA LUNA ROJA
Cómo sacar el mejor partido a cada fase del ciclo menstrual

MIRANDA GRAY

Miranda Gray propone en esta obra un método de desarrollo personal que, mes a mes, te permitirá construir relaciones más positivas y beneficiosas, encontrar el equilibrio entre el trabajo y tu vida personal y sentirte vibrante y triunfadora.

MENSAJES ESPIRITUALES PARA MUJERES
Sabiduría femenina para el ciclo menstrual

MIRANDA GRAY

La autora de *Luna Roja* reúne aquí una sabia colección de mensajes organizados en cuatro niveles de conciencia, relacionados cada uno de ellos a las cuatro fases del ciclo menstrual. Los mensajes están diseñados como inspiraciones diarias para apoyar y sostener día a día tu conexión espiritual femenina.

De la misma autora

DE LA LUNA ROJA A LA LUNA OSCURA
El viaje espiritual de la menopausia
MIRANDA GRAY

Este libro pionero despliega el asombroso camino de transformación espiritual que recorremos las mujeres a lo largo de nuestra existencia. Miranda Gray explica aquí que la menopausia, lejos de ser sinónimo de envejecimiento o declive, representa un viaje místico al Laberinto de la Vida y un «segundo despertar» a la etapa más asombrosa de la feminidad.

LUNA ROJA PARA MADRES E HIJAS
Guía empoderadora para orientar a jóvenes adolescenteS
MIRANDA GRAY

Es complicado que madre e hija se entiendan y satisfagan sus necesidades mutuas. Son dos ciclos menstruales viviendo bajo el mismo techo, por lo que no es de extrañar que las emociones se disparen y que abunden las malas interpretaciones y los malentendidos.

LA LUNA ROJA EN EL TRABAJO Y LOS NEGOCIOS
La mujer consciente y el poder del ciclo menstrual
MIRANDA GRAY

Tanto si tienes un ciclo menstrual regular y natural como si no, en este libro encontrarás planteamientos, ideas y modelos laborales específicamente diseñados para ti, cualquiera que sea tu entorno laboral.